Who Am I

나는 누구인가
쉽게 읽는 한글판 나의 뿌리

자랑스런 장씨 이야기
張氏

上

畵譜로 보는 張氏先祖의 발자취

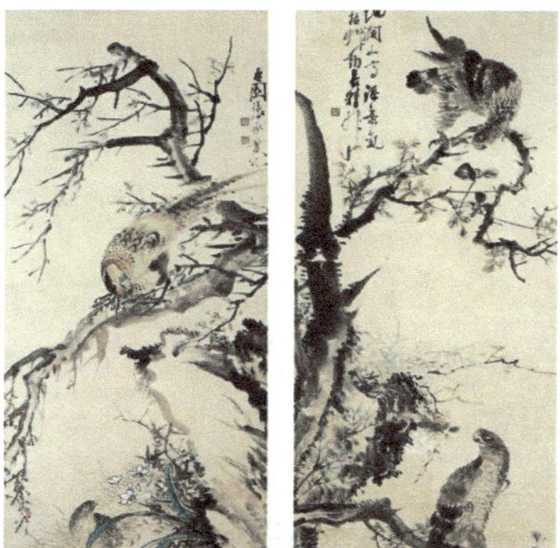

〈영모도 대련(翎毛圖對聯)〉
오원(吾園) 장승업(張承業 : 1843-1897).
수묵담채, 각 135.5×55.0cm.

해상왕 장보고(張保皐)

일찍이 당나라 서주(徐州)로 건너가 뛰어난 무술로 무령군 소장이 되었으나 자신의 관할 지역에 신라인 노예들이 당나라 사람들에게 납치되어 끌려오는 것을 보고 크게 깨달아 신라로 다시 돌아왔다. 828년 신라 제42대 흥덕왕에게 완도에 청해진을 설립할 것을 요청했하고, 1만 병사를 얻어 청해(淸海)에 진을 설치하고 청해진 대사가 되었다. 그 뒤 신라 서남해에 출몰하던 당나라의 해적과 일본 왜구를 소탕하고 서남해 해상권을 장악하여 당나라, 일본, 남방, 서역과 아랍의 여러 나라와 무역을 하여 많은 이익을 취하였으며, 아울러 큰 세력을 이루니, 이때 신라의 국력도 잠시 회복되었다.

836년 흥덕왕이 죽은 후 왕위 계승 전쟁에서 패퇴하여 청해진으로 쫓겨 온 김우징을 도와 정변을 일으켜 민애왕을 제거하고 김우징을 추대하여 감의군사(感義軍使)의 직책을 받았다. 신무왕이 죽고 문성왕이 즉위한 뒤에는 진해장군에 임명되었으며, 문성왕 2년(840) 일본에 무역 사절을 파견하고 당에도 견당매물사(遣唐賣物使)를 보내는 등 삼각무역을 실시했다.

문성왕 7년(845)에 자신의 딸을 문성왕의 차비(次妃)로 삼으려 했던 일이 신무왕의 갑작스런 병사 이후 진골 귀족의 반대로 물거품이 되고, 얼마 후 조정의 밀명을 받고 거짓 투항해 온 옛 부하 염장에 의해 죽임을 당하니, 때는 846년 봄이라고 한다.

장도의 청해진 유적지. 내성과 외성과 함께 토성이 복원되어 있다. 청해진이 설치된 곳은 완도 본도에서 170m 정도 떨어진 장도(將島)인데 섬 둘레를 외성과 내성으로 축성한 흔적과 경사가 완만한 섬의 남서쪽에는 목책(木冊)을 설치했던 흔적이 남아 있다. 사적 제308호. (전남 완도군 완도읍 장좌리)

장보고 장군의 동상. (전남 완도군 완도읍 죽정리 장보고기념관)

장보고 장군 흉상과 기념 조형물. (전남 완도군 완도읍 장좌리 수석공원 내)

엔랴쿠지. 일본 승려 엔닌이 세운 장보고 기념비 (일본 교토 연력사)

적산법화원(赤山法華院). 장보고가 세운 사찰. (중국 산동성 룽청(榮成)시)

장(張)씨의 기원은 황제의 아홉 번째 아들 청양(靑陽, 靑陽)이 휘(暉)를 낳았고 궁정(弓正)이 되어 호성(弧星 : 화살을 시위에 먹인 형상을 한 아홉개의 별)을 보고서 처음으로 활과 화살을 제작하였는데, 이 연고로 자손에게 장씨(張氏)라는 성(姓)을 내렸다는 기록이 《당서(唐書)》〈재상세계표(宰相世系表)〉에 전한다. 장씨(張氏)는 장삼이사(張三李四)라는 고사성어가 말해 주듯 중국 본토에만 약 1억 명 이상의 인구가 분포되어 있는 중국의 거성(巨姓)이다.

우리나라의 장씨 역시 중국에서 유래되었다는 것이 통설인데, 문헌상에 전하는 245본 중 현존하는 30본 내외의 본관 중 덕수장씨(德水張氏)와 절강장씨(浙江張氏)를 제외한 대부분의 장씨 시조(始祖)의 선대(先代)에 태사(太師) 충헌공(忠獻公) 장정필(張貞弼)이 등장하고 있다. 이 때문에 우리나라 장씨는 장정필(張貞弼)을 도시조(都始祖)로 모시고 있는 동원 동근(同原同根)의 분파로 보는 것이 일반적이다.

태사공(太師公) 장정필(張貞弼)의 제단. (경북 안동시 서후면 성곡리)

경모루(景慕樓). 삼태사묘(三太師廟庭) 입구 누문(樓門).

도시조(都始祖) 태사공(太師公) 장정필(張貞弼)

시조 장정필(張貞弼)은 처음 이름이 길(吉), 자는 영부(寧父), 호는 포음(圃陰), 시호는 충헌(忠獻)이다.

당시는 후삼국의 혼란기 말로 태조 왕건이 즉위하여 2년이 되던 때로, 그는 고창(古昌)으로 내려가 성주 김선평, 영장 김행과 두터운 교분으로 형제같이 지냈는데, 견훤이 927년에 공산 상주 대목군 고울부 등을 점령하고 929년 12월 파죽지세로 순주를 항복시키고 고창으로 쳐들어 왔다. 이때 고려 왕건이 내려와 견훤군과 대전할 때, 삼공이 양병해온 관군과 창의군 사병을 모아 태조를 도와 크게 승리하니 이른바 930년 병산대첩이다.

이에 태조 왕건이 김선평에게 대광(大匡)을, 장길과 김행에게는 대상(大相)의 벼슬을 내리고 고창을 승격하여 안동부로 하고 안동을 삼공의 식읍으로 주었으며, 김행을 권씨로 사성(賜性)하고 삼태사와 같이 안동을 본관으로 삼으니 이로써 안동 장씨와 안동 김씨와 안동 권씨가 비롯하였다고 전한다.

삼태사묘정비(三太師廟庭碑). (삼태사묘 내)

장태사비(張太師碑). (삼태사묘 내)

태사묘(太師廟). 장정필(張貞弼), 김선평(金宣平), 권행(權幸)의 위패(位牌)를 모시고 천여 년이 넘도록 향사를 봉행해오고 있다. 태사묘우(太師廟宇)를 비롯하여 보물각(寶物閣)과 숭보당(崇報堂), 동 · 서재(東 · 西齋), 경모루(景慕樓), 전사청(典祀廳), 차전각(車戰閣), 안묘당(安廟堂), 주사(廚舍) 등 10동(棟)의 건물이 기념물 제15호로 지정되고, 고려때 유물 11종 21점은 보물(寶物) 제451호로 지정되어 있다. (경북 안동시 북문동)

추원재(追遠齋). (성곡재사 내)

태사공 장정필의 신도비각. (경북 안동시 서후면 성곡리)

결성장씨(結城張氏)

결성장씨(結城張氏)의 시조 장사(張思)는 태사 충헌공(太師忠獻公) 장정필(張貞弼)의 14세손으로, 고려 태조 13년(930) 후백제 견훤군을 크게 무찔러 추성보리찬화공신 광정대부(推誠輔理贊化功臣匡靖大夫) 벽상삼중대광 문하시중(壁上三重大匡門下侍中) 판전리감찰사사 상호군(判典理監察司事上護軍)에 오르고, 결성부원군(結城府院君)에 봉군되었다. 이에 후손들이 장사(張思)를 시조로 삼고 본관(本貫)을 결성(結城)으로 하여 세계(世系)를 이어왔다.

장하의 신도비각.
(충남 홍성군 서부면 중리)

결성군(結城君) 장하(張夏)의 묘소. (충남 홍성군 서부면 중리)

능동재(陵洞齋). 결성장씨 시관조 및 중시조를 모신 재실.
(충남 홍성군 서부면 중리)

봉서재(鳳棲齋). 장원주가 지은 서당. (충남 연기군 서면 고복리)

구례장씨(求禮張氏)

구례장씨(求禮張氏)의 시조 장악(張岳)은 우리나라 장씨의 도시조 태사 충헌공(忠獻公) 장정필(張貞弼)의 21세손이다. 《봉성장씨족보(鳳城張氏族譜)》의 기록을 보면, 그는 고려조 인종조에 문하시중(門下侍中)으로 왕의 총애를 받고 있었는데, 어느 날 나이 70에 입조(入朝)하던 중 얼굴에 수심이 가득하니 왕이 그 연유를 물어오자 그가 대답하기를, "신이 태어나서 자란 고향이 봉성(鳳城 : 求禮의 별호)인데, 고향이 그립고 생각나서입니다." 라고 하였다. 이에 왕은 즉석에서 봉성(鳳城)을 그에게 식읍(食邑)으로 하사하여 봉성군(鳳城君)에 봉하였다고 한다. 이에 후손들은 봉성(鳳城)을 관향으로 하여 오늘날까지 세계(世系)를 이어오고 있다.

장비(張丕)와 장인 김영이(金令貽)의 단소. 충북기념물 제89호.
(충북 영동군 양강면 남전리 산 662 빙옥정 내)

사옹서청윤유허비문(四翁壻淸潤遺墟碑文).

빙옥정(氷玉亭). 장비(張丕)가 장인 김영이, 동서 박원용, 박시용과 함께 낙향하여 후생을 가르치던 곳에 세운 정자. 영동군 향도유적 제14호. (충북 영동군 양간면 남전리)

죽계서원(竹溪書院). 장필무(張弼武)와 김신(金侁)의 충절과 덕행을 추모하기 위해 창건한 서원으로 이후 장의현(張義賢), 장지현(張智賢)을 추배하였다. (전북 무주군 안성면 죽전리)

장지현 장군 순절비 및 전적지와 사당. (충북 영동군 추풍령면 사부리)

장지현장군순절비
(張智賢將軍殉節碑).

장지현 장군 충신정려각(張智賢將軍忠臣旌閭閣).
(전북 무주군 적상면 괴목리)

단양장씨(丹陽張氏)

단양장씨(丹陽張氏)는 동원(同源)이면서도 세보(系譜)를 달리하는 두 계통이 있다. 선단양(先丹陽)으로 불리는 첫 계통은 도시조 태사 충헌공(太師忠獻公) 장정필(張貞弼)의 증손인 장지현(張之賢)의 차남 장순익(張順翼)을 시조로 한다. 그는 고려조에 금자광록대부 문하시중(金紫光祿大夫門下侍中)에 오르고 단양군(丹陽君)에 봉해졌으므로 후손들은 단양(丹陽)을 관향으로 하여 오늘날까지 세계(世系)를 이어왔다.

후단양(後丹陽)으로 불리는 두 번째 계통은 도시조 태사 충헌공(太師忠獻公) 장정필(張貞弼)의 14세손으로 결성부원군(結城府院君)에 봉해졌던 장사(張思)의 차남 장갑용(張甲用)과 3남 장무용(張戊用)을 관조로 하는 계통이다.

단양군(丹陽君) 장순익(張順翼)의 제단. (충북 단양군 대강면 두음리)

단산백(丹山伯) 장하(張夏)의 신도비각. (충북 단양군 대강면 두음리)

녹야당(鹿野堂). 녹야당 장진의 정자.
(경북 영주시 장수면 호문리)

단양군(丹陽君) 장온(張溫)의 묘소. (충북 영동군 추풍령면 사부리)

충정묘(忠靖廟). 단양군 장온의 사당. (경기도 여주군 흥천면 신근2리)

단양군 장온의 신도비. (충정묘 내)

장충범(張忠範) 장군 정려각. (충북 음성군 음성읍 삼생2리)

장충범 장군 신도비.
(충북 음성군 원남면 삼룡리)

장충범 장군 기념비.
(충북 음성군 생극면 생리)

목천장씨(木川張氏) ☞ 본뉴 205쪽

목천장씨(木川張氏)의 시조 장빈(張彬)은 도시조 태사 충헌공(忠獻公) 장정필(張貞弼)의 후손으로, 그의 아버지 태사공의 12세손인 장상겸(張尙謙)은 고려 고종조에 중랑장과 병부상서를 역임하고 칠봉군(七封君)을 두었는데, 그 중 장빈이 목천군(木川君)에 봉해졌다. 그 후 세대가 실전되어 장지(張池)를 1세조로 하고 목천(木川)을 관향으로 해서 가문을 이어오고 있다. 장지(張池)는 조선조에 문과에 장원 급제하여 현감(縣監)과 공조 참의 등을 역임하면서 목천장문의 중흥을 꾀하였으며, 아들 장승로(張承老)는 무과에 급제하여 중랑장(中郎將)을 역임했고, 증손 장자강(張自綱)은 연산군조에 순천교수(順天敎授)를 역임하였다. 장자강이 진주(晋州)에서 순천(順天)으로 이거하면서 목천장씨는 오늘날에도 순천을 중심으로 하여 전남 일대에 많이 세거하게 되었다.

창렬사(彰烈祠). 임진왜란 당시 진주성 전투에서 장렬히 산화한 순국 선인들의 신위를 모신 사당. 송탄(松灘) 장응두(張應斗)가 배향되어 있다. (경남 진주시 남성동 진주성 내)

창계사(創溪祠).(창계서원 내)

창계서원(創溪書院). 황희를 주벽으로 하여 송탄(松灘) 장응두(張應斗) 등을 배향.
전북 문화재자료 제36호. (전북 장수군 장수읍 선창리)

정충사(旌忠祠). 장윤의 사당.
시도기념물 제232호. (전남 순천시 저전동)

장윤(張潤)의 충신정려각.
(전남 순천시 승주읍 서평리)

장윤(張潤)의 부조묘.
(전남 순천시 승주읍 서평리)

사휴정(四休亭). 장윤의 네 아들 장홍도(張弘道), 장홍적(張弘迪), 장홍경(張弘慶), 장홍민(張弘敏)이 우애를 돈독히 하고 부친을 기리기 위하여 세운 정자. (전남 순천시 승주읍 서평리 서정마을)

순천장씨(順天張氏) 대본

순천장씨(順天張氏)의 시조 장천로(張天老)는 《장씨상계세보(張氏上系世譜)》에 의하면 장씨 도시조 태사충헌공(太師忠獻公) 장정필(張貞弼)의 10세손인 장연우(張延佑)의 차남이다. 장천로는 고려 광종 16년(965)에 문과에 급제하여 금자광록대부 중서시랑(金紫光祿大夫中書侍郎)을 지내고 순천군(順天君)에 봉해졌는데, 이후 후손들이 그를 시조로 모시고 관향을 순천(順天)으로 하여 세계(世系)를 이어왔다.

유성재(惟誠齋). 장보지(張輔之)의 재실.
(전남 광양시 옥룡면 율천리)

순천군(順天君) 장천로(張天老)와
장보지(張輔之)의 추모비.
(경북 의성군 의성읍 도동리)

경덕사(景德祠). 장시규(張是奎)와 아들 장한상(張漢相)의 충절을 추모하는 사당.
(경북 의성군 구천면 용사동)

성남정(聖南亭). 장문보(張文輔)의 학덕을 기려 세웠다. (경북 안동시 일직면 망호리)

안동장씨(安東張氏

시조 장정필(張貞弼)은 처음 이름이 길(吉), 자는 영부(寧父), 호는 포음(圃陰), 시호는 충헌(忠獻)이다. 그는 신라 하대 청해진대사(淸海鎭大使)로 해상권을 장악하며 활약한 장보고(張保皐) 장군의 현손으로 관직은 통합삼한벽상삼중대광아부공신(統合三韓壁上三重大匡亞父公信) 태사(太師) 충헌공(忠獻公)이다.

그는 고려 왕건이 내려와 견훤군과 대전한 930년 병산대첩에서 성주 김선평과 영장 김행과 더불어 삼공이 양병해온 관군과 창의군 사병을 모아 태조를 도와 크게 승리하니, 태조 왕건이 김선평에게 대광(大匡)을, 장길과 김행에게는 대상(大相)의 벼슬을 내리고 고창을 승격하여 안동부로 하고 안동을 삼공의 식읍으로 주었으며, 김행을 권씨로 사성(賜姓)하고 삼태사와 같이 안동을 본관으로 삼으니 이로써 안동 장씨와 안동 김씨와 안동 권씨가 비롯하였다.

성곡재사(城谷齋舍) 영휘루(永輝樓). 태사공 장정필(張貞弼)의 재실.
경북기념물 제155호. (경북 안동시 서후면 성곡리)

추원재(追遠齋). (성곡재사 내)

태사공 장정필의 신도비각. (경북 안동시 서후면 성곡리)

화산부원군 장사길(張思吉)의 묘소.
(경기도 파주시 금촌동 맥금리)

상곡재사(上谷齋舍) 숭모재(崇慕齋). 화산부원군 장사길의 재실.
(경기도 파주시 금촌동 맥금리)

화산부원군 장사길(張思吉) 신도비각.
(경기도 파주시 금촌동 맥금리)

장양공 장철(張哲)의 망배단. (경기도 파주시 금촌동 맥금리)

경광서원(鏡光書院). 경당(敬堂) 장흥효(張興孝)를 모신 서원. (경북 안동시 서후면 금계리)

경당 장흥효의 부조묘.
(경당고택 내)

경당고택(敬堂古宅) 전경. ㅁ자 형식의 전형적인 영남 건축의 모습을 보여주는 건축 자료.
(경북 안동시 서후면 성곡리)

경당고택(敬堂古宅).

광풍정(光風亭)과 제월대(霽月臺). 경당 장흥효 선생이 강학하던 곳.
문화재자료 제 322호. (경북 안동시 서후면 금계리)

경당 장흥효 유허비.
(광풍정 옆)

옥구장씨(沃溝張氏)

옥구장씨(沃溝張氏)의 시조는 태사(太師) 충헌공(忠獻公) 장정필(張貞弼)의 14세손 장익(張益)이다. 《장씨상계세보(張氏上系世譜)》에 의하면, 그는 고려에서 집현전 대제학(集賢殿大提學)을 거쳐 평장사(平章事)를 역임하였고, 옥성(沃城 : 옥구의 별호) 부원군(府院君)에 봉해져 옥구장씨의 시조가 되었다고 기록되어 있다. 그러나 그 이후 세계(世系)가 실전(失傳)되어 기세조(起世祖) 장송(張竦)에 이를 때까지의 소목(昭穆)을 상고(詳考)할 수 없다. 그 후 후손들이 옥구(沃溝)를 본관으로 삼아 세계(世系)를 이어왔다.

명현사(明玄祠) 입구 내신문. (함이재 내)

함이재(咸履齋). 장윤(張倫)의 재실.
시도유형문화재 제199호.
(충북 괴산군 청안면 효근리)

울진장씨(蔚珍張氏) ☞본

울진장씨(蔚珍張氏)의 시조 문성공(文成公) 매계(梅溪) 장말익(張末翼)은 도시조 태사 충헌공(太師忠獻公) 장정필(張貞弼)의 현손(玄孫)으로 장지현(張之賢)의 다섯째 아들이다. 그는 고려 정종(定宗)조에 문과에 급제하여 호부 상서, 문하시중 평장사를 거쳐 국가에 공을 세우고 상주국(上柱國)에 오르고 울진부원군(蔚珍府院君)에 봉해졌다. 이에 후손들이 울진으로 본관으로 하여 세계(世系)를 이어왔다.

울진부원군(蔚珍府院君) 장말익(張末翼) 이하 7위(位)의 제단.
(경북 울진군 울진읍 고성리 가원동)

국보각國寶閣). (월계서원 내)

월계서원(月溪書院).

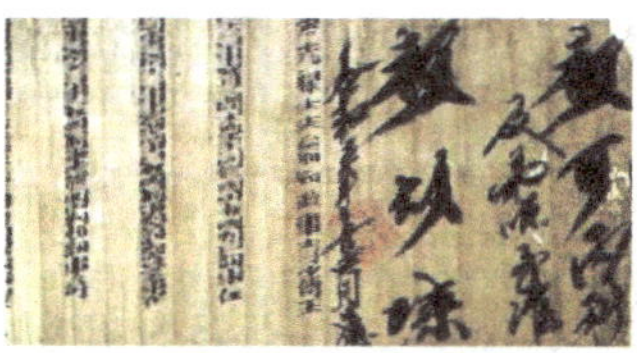

장양수의 급제패지(과거 급제자에게 주던 홍패).
고려 희종 원년(1205)의 자료.
국보 제181호. (월계서원 내 국보각 소장)

월계서원 전경. 장말익(張末翼)과 장양수(張良守)의 학문과 덕행을 추모하기 위해 세운 서원.
(경북 울진군 울진읍 고성리)

호계정(虎溪亭). 장인행(張仁幸)을 모신 재실. (경북 울진군 울진읍 호월리)

울진장씨 열녀각(蔚珍張氏烈女閣).
장전(張悛)의 딸. (경북 울진군 죽변면)

창녕장씨(昌寧張氏)

창녕장씨(昌寧張氏)의 시조 장천일(張千鎰)은 시조 태사공(太史公) 장정필(張貞弼)의 6세손이며, 평장사를 역임하고 옥산군(玉山君)에 봉해진 장효익(張孝翼)의 아들이다. 장천일은 고려조에 문과에 올라 승평판관과 직사관을 지내고, 원종조에 전중시어사가 되어 원나라에 사신으로 다녀오는 등 외교사절로 활약하였다. 이후 경상도 수로방어사로 삼별초를 진압하는 공을 세워 동지중추원사에 오르고, 충렬왕조에 지첨의부사, 보문각 대학사, 수국사(修國史)에 이르고 장간(章簡) 시호를 받고 하산군(夏山君)에 봉해졌다. 이후 후손들이 그를 시조로 본관을 창녕으로 하여 세계를 이어오고 있다.

팔효각(八孝閣)의 불궤문. 창녕장씨의 연 6세에 걸친 8효자의 사적을 기록한 '하산장씨육세팔효기실비'(夏山張氏六世八孝紀實碑)가 있다. (간암재 옆)

간암재(澗巖齋). 장시행(張是行)과 장익정(張翼禎)의 재실. (경남 창녕군 고암면 간상리).

흥성장씨(興城張氏)

흥성장씨(興城張氏)의 시조 장유(張儒)는 도시조 태사공(太史公) 상정필(張貞弼)의 9세손으로 영주(瀛州) 상질현(尙質縣 : 지금의 흥덕으로 흥성) 사람이다. 그는 신라 말에 난을 피해 중국에 건너가 중국어를 배운 뒤, 고려 개국 후 광종조에 객성(客省)의 관원으로서 중국 사신을 대접하는 일을 전담하였으며, 벼슬이 광평성 시랑(廣評省侍郎)에 이르렀다. 그의 6세손 장기(張機)가 평장사로 흥산(興山 : 흥성의 별호)의 군(君)에 봉해졌으므로 후손들이 본관을 흥성(興城) 혹은 흥덕(興德)으로 하여 세계(世系)를 이어 왔다.

흥성장씨 시조 장유(張儒)의 제단. (전북 고창군 성내면 조동리)

충절사(忠節祠). 충숙공(忠肅公) 장연우(張延祐)의 사당.
(전북 고창군 성내면 조동리)

충절사묘정비.

충절사 추모재 건립헌성비.

충숙공(忠肅公) 장연우(張延祐)의 묘소. (전북 고창군 성내면 조동리)

충숙공 장연우의 구묘비.

충숙공 장연우 신도비.

십로사(十老祠). 단종 폐위로 벼슬을 버리고 항거한 장조평(張肇平) 등 당시 10인의 절개를 기리기 위해 세운 사당. 전북 문화재자료 제59호. (전북 남원시 대강면 생암리)

보산사(寶山祠). 장이길(張以吉) 등 보산8현(寶山八賢 : 죽담 이유근, 한진 유주, 삼주 최희열, 금애 이언상, 사촌 최사물, 창주 정상, 남호 유은)을 추모하는 사당. (전남 나주시 다시면 영동리)

주암서원 입구와 사당 전경.

주암서원(舟巖書院). 사촌 장경세(張經世)와 연촌 최덕지(崔德之), 암계 최연손(崔連孫), 율계 장급(張及) 등을 배향한 서원. 전북 문화재자료 제21호. (전북 임실군 지사면 방계리)

어서각 입구
홍살문 전경.

어서각(御書閣). 추담(秋潭) 장현경(張顯慶)에게 하사한 영조의 친필을 보관하기
위하여 정조 23년(1799)에 건립한 전각. (전북 장수군 번암면 노단리)

머리말

머리말

《 자랑스런 장(張)씨 이야기 》

우리 한민족(韓民族)은 세계 어느 나라 어느 민족(民族)과도 비교되는 남다름을 담고 있는 민족이니, 그것은 유구한 역사와 시간 속에서도 한결같이 이어져온 하나의 혈맥(血脈)에서 나오는 자기 정체성과 일체감이 아닐까 합니다.

우리들이 더욱 화목(和睦)하고 단합(團合)하여 국가(國家)와 민족(民族)에 봉사하는 것이야 말로 우리들이 이 《자랑스런 장씨 이야기》를 발간하는 참뜻이라 할 것입니다.

그런 의미에서 본 서책은 자랑스런 장씨에 관해 체계적으로 정리한 것으로 족인의식(族人意識)을 자각하고 일족(一族)의 친목(親睦)을 도모하며 조상(祖上)의 뛰어난 행적을 널리 알리고자 하는 목적으로 시대적 요구에 부응하는 가장 적합한 서책이라 할 것입니다.

조상의 행적의 공(功)과 덕(德)이 많음에도 알지 못하면 부지(不知)의 소치이며, 그 공덕(功德)을 알면서도 전(傳)하지 아니하면 불인(不仁)의 소치라 하였습니다.

급변하는 세상을 하루하루 바쁘게 살아오는 동안 오늘날 우리는 너나 할 것 없이 부지불인(不知不仁)을 면하지 못하고 있음을 생각하며 늘 안타까운 마음을 갖고 있던 차에 이렇게 우리의 역사를 성씨별로 읽기 쉽게 정리한 보첩이 발간되어 세상에 나오니 반가운 마음을 금할 수 없습니다.

특히 요즈음 자라나는 새 세대들은 세계사(世界史)나 외국 위인(偉人)에 대해서는 잘 알면서도 자기(自己)의 가계(家系)나 조상(祖上)들이 이루어 놓은 유사(遺事)에 관하여는 소홀히 하는 경향이 있는데, 이러한 시대적 상황에 처하여 온고지신(溫故知新)의 윤리도덕(倫理道德)으로 새로운 미풍양속(美風良俗)을 승화 발전시켜야 할 책무(責務)가 우리 세대에 요청받고 있으니, 다음 젊은 세대(世代)에게 올바른 윤리도덕(倫理道德)과 씨족(氏族)의 중요성을 일깨워야할 소명(召命)이며 의무(義務)가 아닐 수 없겠습니다.

지금까지의 대부분의 문중 사료와 보첩들은 우리 후손들에게는 너무 어려워서 가까이 하지 못한 점이 늘 안타까웠기에 본 《 자랑스런 장씨 이야기 》 는 남녀노소 모두에게 이해하기 수월하게 구성하여 묶어 내었습니다.

이로써 생활 속에서 보다 가깝고 친근하게 조상(祖上)과 뿌리를 알게 하고 기본적인 예절을 알게 되는 계기가 될 것이라 기대합니다.

그동안 이 보첩의 발간을 위하여 지원하고 노력하여주신 여러분들에게 진심으로 감사를 드리며, 우리민족의 위대한 발전과 도약을 기원합니다.

2014. 8. 6.
성씨이야기편찬실

| 차 례 |

일러두기

1. 이 책은 전통적인 족보(族譜)와 보첩(譜帖)의 체제에서 벗어나 선조(先祖)들의 구체적인 행적(行蹟)에 대해 일반인들과 젊은 세대(世代)가 쉽게 보고 이해할 수 있도록 하는 것에 주된 방향을 맞추어 편찬하였습니다. 때문에 어려운 한문체(漢文體)의 내용이나 중복되는 내용이 많은 것은 배제하였습니다.

2. 본 보첩(譜諜) 편찬의 근본정신은 오랜 역사를 거쳐 오면서 유실된 사료(史料)와 각 씨족별로 나타나는 복잡하고 많은 이설(異說) 등의 다양한 견해(見解)를 모두 반영하기 보다는 자라나는 어린 후손들에게 보다 쉽고 친근하게 선조의 씨족사를 이야기하고 선조의 발자취를 보여줌으로써 자긍심을 키우고 미래를 밝혀줄 바른 정신을 전하고자 하는데 있음을 밝혀둡니다.

3. 본 서(書)는 각 성씨별, 관향별 종친회(宗親會)와 그 외 각 지파(支派)에서 발간해온 보첩과 자료를 주로 참고하였으며, 일반 서적과 사전류에 수록된 내용들도 발췌 정리하여 엮음으로써 가능한 한 많은 내용을 담도록 노력하였습니다.

4. 수록된 관향의 순서는 가나다순(順)으로 하였으나 편집의 편의상 선후가 바뀔 수도 있음에 양해를 구하며, 인물의 경우 계대를 따르는 것을 원칙으로 하였으나 여의치 않을 경우 대략적인 활동 연대순을 따랐습니다.

5. 각 본관별(本貫別) 내용 구성은 먼저 주요 선조의 유적 유물 사진을 수록하고, 연원(淵源)과 씨족사(氏族史), 세계(世系)과 행렬(行列) 등을 한눈에 이해하기 쉽게 정리하고, 그리고 역대 주요 명현(名賢)의 생애와 업적을 이해하기 쉬운 약전(略傳) 형식으로 수록하였습니다.

6. 수록한 내용과 인물들은 삼국유사 《三國遺事》 ,삼국사기 《三國史記》 ,고려사 《高麗史》 ,조선왕조실록 《朝鮮王朝實錄》 ,고려공신전 《高麗功臣傳》 ,국조방목 《國朝榜目》 등의 일반 사료(史料)의 기록을 기반으로 하여 각 성씨별 문중(門中)에서 발행한의 보첩에 나타나 있는 명현(名賢)을 망라하였으나 자료의 미비로 부득이 누락된 분들은 다음 기회에 보완 개정하고자 합니다.

결성장씨

結城張氏

연원(淵源)과 씨족사(氏族史)

결성장씨(結城張氏)의 시조 장사(張槵)는 태사 충헌공(太師忠獻公) 장정필(張貞弼)의 14세손으로, 고려 태조 13년(930) 후백제 견훤군을 크게 무찔러 추성보리찬화공신 광정대부(推誠輔理贊化功臣匡靖大夫) 벽상삼중대광 문하시중(壁上三重大匡門下侍中) 판전리감찰사사 상호군(判典理監察司事上護軍)에 오르고, 결성부원군(結城府院君)에 봉군되었다. 이에 후손들이 장사(張槵)를 시조로 삼고 본관(本貫)을 결성(結城)으로 하여 세계(世系)를 이어왔다.

결성장씨(結城張氏)의 주요 인물을 살펴보면, 시조 장사의 현손(玄孫)인 장하(張夏)가 고려 공민왕조에 홍건적의 난을 토평하여

결성부원군(結城府院君) 장사(張槵)의 단소.

2등공신(二等功臣)에 책록되고, 여러 관직을 역임한 후 은청광록대부(銀青光祿大夫)로 문하시랑평장사(門下侍郎平章事)에 올라 결성군(結城君)에 봉해졌다. 우왕 14년(1388) 경상도 관찰사(慶尙道觀察使)로 있을 때 고려왕조의 국운이 다하는 것을 보고 벼슬을 버리고 결성으로 내려와 은둔하였다.

조선조에 들어와서 결성장씨는 7명의 문과 급제자를 배출하였다. 동지중추부사(同知中樞府事) 장언호(張彦浩)와 부호군(副護軍) 장서익(張瑞翼), 사헌부 감찰(司憲府監察) 장후중(張後中) 등이 유명하였으며, 또한 홍문관 교리 장유인(張有仁), 세자익위사 사어(司禦)로 문행(文行)으로 이름이 높았던 익위공(翊衛公) 장한필(張漢弼)이 있다. 장응추(張應秋)는 명종조에 무과에 올라 훈련원 주부와 충익위장(忠翊衛將)으로 창의사(倡義使)에 올라 양산(梁山)과 삼랑진(三浪津) 등에서 왜구와 싸우다 순국하였다.

그 밖에 장시서(張時瑞)는 절충장군(折衝將軍)에 올라 첨지중추부사 겸 오위장(五衛將)을 거쳐, 병조 참판과 동지의금부사(同知義禁府事)에 추증되었으며, 장취오(張聚五)는 영조조에 예조와 병조의 정랑(正郎)을 거쳐 사예(司藝), 판결사(判決事), 병조 판서에 이르렀고, 효자 공공자(空空子) 장혼(張混)은 정조조에 감인소 사준(監印所司準)으로 서적 편찬에 힘썼는데, 글씨와 시에도 능하여 학자로서 이름이 높았다.

근대에 와서는 독립운동가이며 정치가인 장덕수(張德秀)와 장덕준(張德俊)이 임시정부 수립에서 조국광복에 이르기까지 크게 헌신하였다. 장덕준(張德俊)은 김성수(金性洙), 이상협(李相協) 등과 동아일보를 창간해 발기위원 겸 논설위원으로, 중국 특파원으로 북경에 건너가 중국을 방문 중인 미국위원단을 취재하면서 한국의 실정을 알리는 데 힘썼으며, 훈춘사건(渾春事件) 취재차 만주로 갔다가 실종되었다. 아우인 장덕수(張德秀)는 상해로 건너가 독립운동

결성장씨(結城張氏)

에 헌신하였는데, 신익희(申翼熙)와 함께 귀국하여 임시정부 수립을 위해 국내지사들과 접촉하다 일제에 검거되었고, 1919년에는 여운형(呂運亨)과 함께 일본정부를 방문하여 한국의 독립을 요구했으며, 이듬해에는 동아일보의 초대 주간으로 민족운동에 헌신하였고, 해방 후 한국민주당을 창당해 정계에서 활약하던 중 암살당하였다.

독립운동가 장덕진(張德震)은 문일민(文一民) 등과 함께 평남 경찰부에 폭탄을 투척해 순사 2명을 살해하고 상해로 망명하여 그곳에서 해외교민단의 경호대원으로 활약하였다.

1985년의 인구조사에 의하면 결성장씨는 총 4,758가구 19,432명으로 나타났으며, 2000년 인구조사 결과에 의하면 전국에 총 6,708가구 21,068명이 살고 있는 것으로 조사되었다.

장하(張夏)의 신도비각.

관향 결성(結城)의 연혁

결성(結城)은 충청남도 홍성군(洪城郡)에 속해 있는 지명으로 본래는 백제의 결기군(結己郡) 또는 결사현(結巳縣)이라 불리었다가 757년(신라 경덕왕 16)에 결성군(潔城郡)으로 개칭하였다. 1018년(고려 현종 9)에 운주(運州: 洪州)의 관할이었다가 1172년(명종 2)에 결성현(結城縣)으로 이름을 바꾸고 감무(監務)를 두었다. 1733년(영조 9) 보령(保寧)에 편입되었다가, 1895년(고종 32) 지방제도 개정으로 결성군으로 홍주부(洪州府)에 개편되었다. 1914년 군면 폐합으로 홍주군과 결성군을 통합한 홍성군에 병합되었고 지금은 홍성군 결성면이 되었다.

세종실록지리지(世宗實錄地理志) : 결성현(結城縣)

본래 백제의 결기현(結己縣)인데, 신라에서 결성군(潔城郡)으로 고쳤고, 고려 현종(顯宗) 9년 운주(運州) 임내에 붙이었다가, 명종(明宗) 2년 임진에 결성(結城)으로 고쳐 감무(監務)를 두었다. 본조 태종(太宗) 13년 계사에 예(例)에 의하여 현감으로 고쳤다.

사방 경계는 동쪽으로 홍주(洪州)에 이르기 30리, 서쪽으로 바다에 이르기 15리, 남쪽으로 홍주에 이르기 14리, 북쪽으로 홍주에 이르기 15리이다.

호수가 3백 4호요, 인구가 1천 6백 98명이다. 군정은 시위군이 7명이요, 진군(鎭軍)이 14명이요, 선군이 84명이다.

토성(土姓)이 3이니, 한(韓), 장(張), 조(趙)요, 내성(來姓)이 1이니, 문(文)이요, 없어진 촌성(村姓)이 1이니, 방(方)이다.

땅이 기름지고 기후가 많이 차다. 간전(墾田)은 3천 2백 51결이요, 논이 3분의 1이다. 토의(土宜)는 오곡과 조, 팥, 메밀이다. 토공은 지초, 종이, 자리, 잡깃, 족제비털, 여우 가죽, 삵괭이 가죽, 황각(黃角), 참가사리[細毛], 어교(魚膠), 숭어, 상어요, 약재(藥材)는 병풍나물뿌리[防風]이요, 토산(土産)은 낙지, 은어이다. 어량(魚梁)이 1이다. 주로 준치, 전어, 갈치, 조기, 숭어, 상어, 오징어, 가물치, 민어가 난다.

읍 석성(邑石城)은 둘레가 4백 53보이며, 안에 우물이 있는데, 겨울이나 여름에도 마르지 아니한다. 역(驛)이 1이니, 해문(海門)이요, 우리 태종(太宗) 15년에 비로소 두었다. 봉화가 1곳이니, 고산(高山)이다. 현의 북쪽에 있는데, 남쪽으로 흥양(興陽) 성산(城山)에, 북쪽으로 고구(高丘) 성산(城山)에 응한다.

분파(分派)와 파조(派祖)

장사(張楒)는 도시조 태사 충헌공(忠獻公) 장정필(張貞弼)의 13대손으로, 중랑장(中郎將)과 병부상서(兵部尙書)를 지낸 장상겸(張尙謙)의 4남이다. 고려 충렬왕조에 공을 세워 추성보리찬화안사공신(推誠輔理贊化安社功臣)에 녹훈되고 광정대부(匡靖大夫)에 올라 벽상삼한삼중대광(壁上三韓三重大匡) 문하시중(門下侍中) 상호군(上護軍)을 역임하였고 결성부원군(結城府院君)에 봉해지니, 후손들은 그를 시조로 삼고 결성을 본관으로 하여 세계를 이어오고 있다. 결성장씨는 크게 영상공파(領相公派), 호판공파(戶判公派), 공의공파(工議公派)로 분파(分派)하였다.

영상공파(領相公派)

파조 장중로(張仲魯)는 시조 장사(張槵)의 5대손으로 장하(張夏)의 장남이며, 고려조에서 검교정승(檢校政丞)을 지냈고 조선조에는 대광보국숭록대부(大匡輔國崇祿大夫) 의정부 영의정에 증직되어 영상공파(領相公派)를 이루었다. 후손들은 부윤파, 봉산파, 결성파로 분파하여 번성하였다.

부윤파(府尹派)의 파조 장유인(張有仁)은 시조 장사(張槵)의 6대손으로 증 영의정 장중노(張仲魯)의 장남이며, 태종조에 문과에 올라 통훈대부 홍문관 교리(校理)를 거쳐 지제교(知製敎) 겸 경연 시독관(試讀官)을 지낸 후 의주 부윤(義州府尹)을 지냈다. 후손들은 개성파, 영천파, 진사파, 생원파로 분파하였다.

개성파(開城派)의 파조 장세문(張世文)은 시조 장사(張槵)의 12대손으로 증 판결사(判決事) 장명근(張命根)의 아들이며, 개성으로 이거(移居)하여 살았다. 도학(道學)으로 이름 높았고 한성 좌윤(漢城左尹)에 증직되었다.

영천파(永川派)의 파조 장진(張溍)은 시조 장사(張槵)의 12대손으로 담양 부사(潭陽府使) 장석근(張碩根)의 아들이며, 성균 생원(成均生員)으로 문과에 올라 이조 정랑(吏曹正郎)을 역임하였다.

진사파(進士派)의 파조 장희(張熙)는 시조 장사(張槵)의 12대손으로 목사(牧使) 장옥동(張玉同)의 아들이며, 진사시에 합격하였다.

생원파(生員派)의 파조 장홍(張洪)은 시조 장사(張槵)의 12대손으로 목사(牧使) 장옥동(張玉同)의 2남이며, 생원(生員)을 지냈다.

봉산파(鳳山派)의 파조 장유의(張有義)는 시조 장사(張槵)의 6대손으로 증 영의정 장중로(張仲魯)의 2남이며, 수찬(修撰)을 지냈다.

결성파(結城派)의 파조 장유례(張有禮)는 시조 장사(張槵)의 6대손으로 증 영의정 장중로(張仲魯)의 3남이며, 목사(牧使)를 지냈다.

결성장씨(結城張氏)

호판공파(戶判公派)

파조 장계로(張季魯)는 시조 장사(張樬)의 5대손으로 평장사(平章事)를 지낸 장하(張夏)의 2남이며, 조선조에 호조 참판을 역임하였다.

형의공파(形議公派)의 파조 장유온(張有溫)은 시조 장사(張樬)의 6대손으로 호조 참판 장계로(張季魯)의 장남이며, 형조 참의(刑曹參議)를 지냈다. 형의공파(形議公派)는 송화파(松禾派)라고도 이른다.

응교공파(應教公派)의 파조 장유량(張有良)은 시조 장사(張樬)의 6대손으로 호조 참판 장계로(張季魯)의 2남이며, 응교(應教)를 지냈다.

생원공파(生員公派)의 파조 장유공(張有恭)은 시조 장사(張樬)의 6대손으로 호조 참판 장계로(張季魯)의 3남이며, 생원시(生員試)에 올랐다. 고산파(高山派)라고도 이른다.

현감공파(縣監公派)의 파조 장유검(張有儉)은 시조 장사(張樬)의 6대손으로 호조 참판 장계로(張季魯)의 4남이며, 현감(縣監)을 지냈다. 연기파(燕岐派)라고도 이른다.

공의공파(工議公派)

파조 장혜로(張蕙魯)는 시조 장사(張樬)의 5대손으로 평장사(平章事)를 지낸 장하(張夏)의 3남이며, 공조 참의(工曹參議)를 지냈다. 2남 장옥강(張玉綱)은 학생공파(學生公派)로 분파하였다.

항렬(行列)과 세계(世系)

세계도(世系圖)

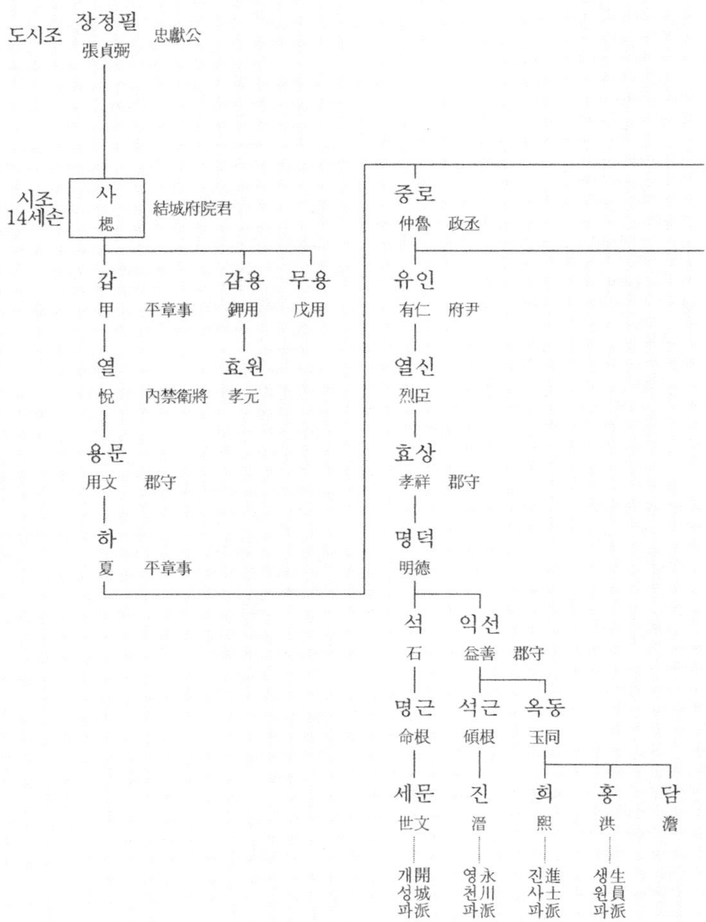

결성장씨(結城張氏)

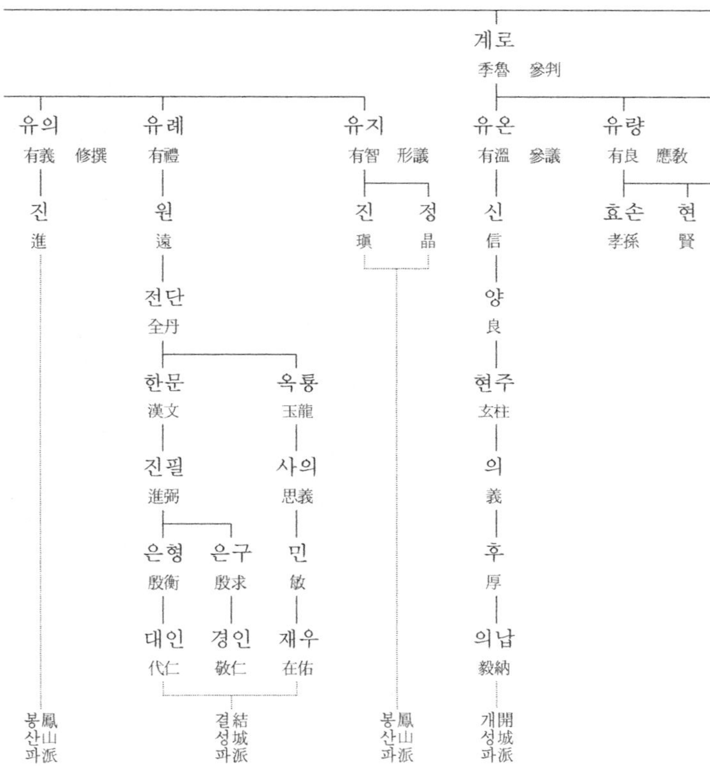
계로
季魯 參判
유의
有義 修撰
유례
有禮
유지
有智 形議
유온
有溫 參議
유량
有良 應教
진
進
원
遠
진
瑱
정
晶
신
信
효손
孝孫
현
賢
전단
全丹
양
良
한문
漢文
옥룡
玉龍
현주
玄柱
진필
進弼
사의
思義
의
義
은형
殷衡
은구
殷求
민
敏
후
厚
대인
代仁
경인
敬仁
재우
在佑
의납
毅納
봉鳳
산山
파派
결結
성城
파派
봉鳳
산山
파派
개開
성城
파派

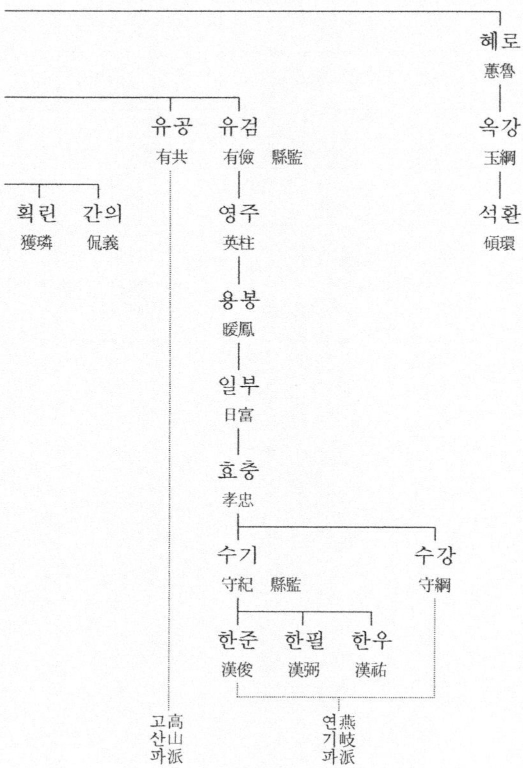
혜로 蕙魯
옥강 玉綱
석환 碩環
유공 有共
유검 有儉 縣監
획린 獲璘
간의 侃義
영주 英柱
용봉 蓉鳳
일부 日富
효충 孝忠
수기 守紀 縣監
수강 守綱
한준 漢俊
한필 漢弼
한우 漢祐
고산파 高山派
연기파 燕岐派

항렬표(行列表)

세	항 렬 자	세	항 렬 자	세	항 렬 자
41	淳(순)	42	來(래)	43	熏(훈)
44	均(균)	45	善(선)	46	澤(택)
47	稙(직)	48	赫(혁)	49	珪(규)
50	鏞(용)	51	演(연)	52	東(동)
53	烈(렬)	54	遠(원)	55	鎬(호)
56	漢(한)	57	根(근)		

역대 주요 인물

장 사(張 榗)

생졸년 미상. 자는 백제(伯濟). 결성장씨(結城張氏)의 시조. 도시조 태사공(太史公) 장정필(張貞弼)의 14세손, 중랑장(中郎將)과 병부상서를 지낸 장상겸(張尚謙)의 아들.

고려 충렬왕조에 추성보리찬화안사공신(推誠輔理贊化安社功臣)에 책록되고 광정대부(匡靖大夫)에 올라 벽상삼한삼중대광 문하시중 판전리감찰사사(壁上三韓三重大匡門下侍中判典里監察司事)를 지냈다. 결성부원군(結城府院君)에 봉군되었으므로 후손들이 그를 시조로 삼고 본관을 결성(結城)으로 하여 세계(世系)를 이어 왔다.

장 갑(張 甲)

고려조에 평장사(平章事)를 지냈다.

장용문(張用文)

고려조에 문과에 급제하고 군수(郡守)를 역임하였다.

장 하(張 夏)

충숙왕 3년(1316)~정종 1(1399). 호는 청계(淸溪). 결성부원군(結城府院君) 장사(張榗)의 현손, 군수를 지낸 장용문(張用文)의 아들.

공민왕 10년(1361) 홍건적이 10만의 군사를 동원하여 침입하니 공민왕이 안동으로 피난하고 개경(開京)이 함락되고 말았는데, 이

때 그가 홍건적을 격퇴하고 개경을 수복한 공을 세웠다. 이에 공민왕 12년(1363) 전의주부(典儀主簿)로서 경성수복공신(京城收復功臣) 2등에 올랐다. 간관으로 있을 당시에는 신돈(辛旽)과 그 일당을 탄핵하였으나 뜻을 이루지 못하였다.

우왕 4년(1378) 밀직부사(密直副使)에 오르고, 우왕 7년(1381) 극심한 가뭄으로 나라에 큰 근심이 있자 밀직제학(密直提學)으로서 개경 대정(大井)에 기우제를 올리니 곧 비가 내려 왕이 포상을 내렸다. 우왕 8년(1382) 각도(各道)의 산성 순심사(山城巡審使)를 지냈으며, 다음해에 한양부윤(漢陽府尹)으로 재직할 때에는 의성(義城)에서 왜구를 물리치고 숨어 들어온 왜구의 첩자 3명을 잡았다. 이어 평양 부윤(平壤府尹)과 전라도 도관찰출척사(都觀察黜陟士)를 거쳐 이성계가 전제개혁(田制改革)을 할 때 경상도 도관찰출척사(都觀察黜陟士)로 내려가 전토(田土)를 조사하였다. 이 때 안동김씨(安東金氏)의 정렬(貞烈)을 발굴하여 조정에 알려 정려(旌閭)를 내리게 하였다.

공양왕 1년(1389) 문하평리(門下評理)에 올랐으나 명나라에 가서 이성계 일파를 모함하였다는 윤이(尹彛), 이초(李初)의 사건에

장하(張夏)가 낙향한 충남 홍성의 평산별서 발굴현장.

연루되어 탄핵 받고 유배되었다. 얼마 뒤 풀려났는데, 이후 고려가 망하고 조선이 개국하자 충남 홍성 결성에 은거하였다.

조선 태조가 그를 여러 번 불렀으나 불사이군(不事二君)의 절개를 지켜 나아가지 않으니 태조도 그를 예(禮)로 대우하여 천수를 누렸다. 세종이 결성군(結城君)에 봉했다.

장계로(張季魯)

조선조에 호조 참판(戶曹參判)을 지냈다.

장 담(張 湛)

이자춘(李子春)의 장남인 이원계(李元桂)의 사위.

개국공신 2등, 정사공신 2등, 태조 1년 결성군(結城君)에 봉군되었으나 방간(芳幹)의 난에 참여한 관계로 세종 15년(1433) 직첩과 녹권(錄券)을 추탈 당하였다.

장유인(張有仁)

호는 송음(松陰). 증 영의정 장중로(張仲魯)의 아들.

태종조 때 문과에 급제하여 통훈대부(通訓大夫)에 올라 홍문관 교리(校理)를 거쳐 지제교(知製敎) 겸 경연 시독관(試讀官)을 지낸 후 의주부윤(義州府尹)을 역임하였다.

장유의(張有義)

조선조에 수찬(修撰)을 역임하였다.

장유온(張有溫)

조선조에 형조 참의(刑曹參議)를 역임하였다.

장명덕(張明德)

조선조에 황해 도사(黃海都事)를 역임하였다.

장효상(張孝祥)

조선조에 덕천 군수(德川郡守)를 역임하였다.

장익선(張益善)

조선조에 영광 군수(靈光郡守)를 역임하였다.

장명근(張明根)

조선조에 정난공신(靖難功臣)에 책록되었으며, 관직은 판결사(判決事)를 지냈다.

장석근(張碩根)

조선조에 담양 부사(潭陽府使)를 지냈다.

장세문(長世文)

자는 자화(子和).

조선조에 한성부 좌윤(漢城府左尹)에 추증(追贈)되었다.

장성개(長成漑)
자는 득일(得一).
조선조에 가선대부(嘉善大夫)에 이르렀다.

장언호(長彦浩)
조선조에 가의대부(嘉義大夫)로 동지중추부사(同知中樞府事)를 지냈다.

장희수(長喜壽)
조선조에 훈련원 봉사(訓練院奉事)를 역임하였다.

장필수(長必壽)
조선조에 장사랑(將仕郎)에 올랐다.

장계남(長繼男)
자는 효백(孝伯).
조선조에 가선대부(嘉善大夫)에 이르렀다.

장천기(長天紀)
조선조에 평시서 직장(平市署直長)을 지냈다.

장의립(長義立)
조선조에 예빈시 주부(禮賓寺主簿)를 역임하였다.

장효원(張孝源)

자는 신원(信元).
조선조에 형조 참의(刑曹參議)에 추증되었다.

장처경(張處敬)

자는 직경(直卿), 호는 국헌(菊軒).
조선조에 문과(文科)에 급제하였다.

장시서(張時瑞)

조선조에 절충장군(折衝將軍)으로 첨지중추부사(僉知中樞府事) 겸 오위장(五衛將)을 역임하였고, 가선대부(嘉善大夫), 병조 참판(兵曹參判), 동지의금부사(同知義禁府事), 오위도총부 부총관(五衛都摠府副摠管)에 추증되었다.

장득선(張得善)

자는 자용(子容).
조선조에 호조 참판(戶曹參判)에 추증되었다.

장서익(張瑞翼)

조선조에 오위도총부 부호군(五衛都摠府副護軍)을 지냈다.

장후중(張後仲)

조선조에 사헌부 감찰(司憲府監察)을 역임하였다.

장효충(張孝忠)

생졸년 미상. 호는 노은(蘆隱).

어려서부터 학문에 전력하여 일찍 학자로서 명성을 얻었다. 점필재(佔畢齋) 김종직(金宗直), 한훤당(寒暄堂) 김굉필(金宏弼), 일두(一蠹) 정여창(鄭汝昌) 선생 등 도학자들과 도의(道義)로 교우하였다.

초시에 합격하여 성균 진사(成均進士) 집의(執義)로 벼슬에 나아가고자 하였으나 연산군 4년(1504) 무오사화로 처가인 연기군 전의로 피신하였다가 노은재(蘆隱齋)를 짓고 후학을 양성하며 저술하였다. 성종이 그 명성을 듣고 추강(秋江) 남효온(南孝溫), 임계(林溪) 유호인(兪好仁)을 보내 조정에 나와서 그 경륜과 학문을 펼치도록 불렀으나 나아가지 않고 평생을 노화(盧火)에 은거하며 학자들과 강론하며 지냈다.

저서에 『산림유문집(山林有文集)』을 남겼다.

장가순(張可順)

성종 24년(1493)~명종 4년(1549). 조선중기 성리학자. 자는 사재(思齋). 참봉 장유(張裕)의 아들.

용모가 아름다웠으며 효성과 우애가 남달라서 세상 사람들이 하늘이 내린 효자라고 칭송하였다. 모든 행의를 주자가훈(朱子家訓)의 법도에 맞추었으며, 화담(花潭) 서경덕(徐敬德) 선생과 도의로 교유하며 학문을 연마하니 조정에까지 그 명성이 알려져 명종이 백원(白元) 참봉을 제수하였으나 나아가지 않았다.

다수의 저서(著書)와 유집(遺集)을 남겼는데, 저술로는 『인사심서목(人事尋緖目)과 『사재언행록(思齋言行錄)』 만이 전해지고 많은 저술책자가 화재로 인해 소실되었다.

그 중에 인사(人事)에 관한 저작을 숙종이 보고 포상하여 호조정랑을 증직하였다. 봉산(鳳山)의 수각사(水閣祠)에 제향되었다.

장신남(張信男)

선조 26년(1593) 무과에 합격하여 어해장군겸 선전관(宣傳官)을 지냈으며, 한성 참관(漢城參官)을 지내고 호조 참판 및 오위도총부 부총관에 추증되었다.

장응추(張應秋)

생졸년 미상.

명종 19년(1564) 무과에 급제하여 충익위장(忠翊衛將)을 지냈다. 임진왜란이 일어나자 창의사(倡義使)로 양산(梁山) 삼랑포(三浪浦)에서 왜적과 맞서 싸우다가 선조 26년(1598) 6월에 순절했다. 시신을 수습하지 못해 유의(遺衣)로 운곡(雲谷)에 귀장(歸葬)하였다.

장원주(張元胄)

인조 12년(1634)~숙종 26년(1700).

이름 높은 효자로 군자감 정(贈軍資監正)에 증직되었다. 모친 병환시 정성을 다하여 보살피고 3년간 시묘하는 등 효성이 지극했으며, 그가 죽은 후 하관 중일 때 하늘에 갑자기 무지개가 뜨더니 그 빛이 무려 15리에 비쳤다고 전한다.

만년에 외가가 있는 서면 고복리로 이주하여 산세가 좋은 비룡산 기슭에 최초의 서당을 짓고 이름하여 봉서재라 하였다.

봉서재(鳳棲齋). 장원주가 지은 서당.

구례·봉성장씨

求禮·鳳城張氏

연원(淵源)과 씨족사(氏族史)

구례장씨(求禮張氏)의 시조 장악(張岳)은 우리나라 장씨의 도시조 태사 충헌공(忠獻公) 장정필(張貞弼)의 21세손이다. 『봉성장씨족보(鳳城張氏族譜)』의 기록을 보면, 그는 고려조 인종조에 문하시중(門下侍中)으로 왕의 총애를 받고 있었는데, 어느 날 나이 70에 입조(入朝)하던 중 얼굴에 수심이 가득하니 왕이 그 연유를 물어오자 그가 대답하기를, "신이 태어나서 자란 고향이 봉성(鳳城 : 求禮의 별호)인데, 고향이 그립고 생각나서입니다." 라고 하였다. 이에 왕은 즉석에서 봉성(鳳城)을 그에게 식읍(食邑)으로 하사하여 봉성군(鳳城君)에 봉하였다고 한다. 이에 후손들은 봉성(鳳城)을 관향으로 하여 오늘날까지 세계(世系)를 이어오고 있다.

봉성재(鳳城齋). 봉성군(鳳城君) 장악(張岳)의 재실.

구례장씨(求禮張氏)의 주요 인물을 살펴보면, 장악(張岳)의 증손 장순의(張順義)는 고려조에 대제학(大提學)에 올랐으며, 조선조에 들어와서는 장사종(張嗣宗)의 아들 장필무(張弼武)가 중종조에 무과에 올라 첨절제사(僉節制使), 함경도 병마절도사(咸鏡道兵馬節度使) 등을 역임하고 북방 경비 강화에 큰 공을 세웠다. 또한 그는 당시 가장 청렴결백한 무신으로 알려져 후에 청백리(淸白吏)로서 병조 판서에 추증되고, 양정(襄貞)이라는 시호를 받았다.

장필무의 두 아들인 장의현(張義賢)과 장지현(張智賢)이 아버지를 이어 구례장씨의 이름을 드높였다. 장의현(張義賢)은 무과에 올라 남해 현감(南海縣監)을 지내고, 선조조에 부령 부사(富寧府使)로 니탕개(尼湯介)의 침입을 막아 명성을 떨쳤으며, 임진왜란 때 경기도 수군절도사(京畿道水軍節度使)가 되어 왜적을 막았다.

아우인 장지현(張智賢)도 전라도 병마절도사(全羅道兵馬節度使) 신립(申砬)의 부장(部將)을 지냈으며, 임진왜란이 일어나자 윤선각

죽계서원(竹溪書院). 장필무(張弼武)와 김신(金侁)의 충절과 덕행을 추모하기 위해 창건한 서원으로, 이후 장의현(張義賢), 장지현(張智賢), 하정도(河呈道), 하형도(河亨道), 하현도(河顯道)를 추배하였다.

(尹先覺)의 비장(裨將)으로 부하를 거느리고 황간(黃澗) 추풍령에서 왜적을 막다가 순국하였다.

이밖에도 군자감 정(軍資監正)을 지낸 장준(張浚)과 부총관(副摠管) 장정(張樫)이 유명하였고, 부호군(副護軍) 장수회(張壽會), 장석좌(張錫佐), 장후창(張後昌), 장국만(張國萬) 등과 중추부사(中樞府使) 장세후(張世後), 장진구(張軫九) 등이 가문을 빛냈다.

2000년 인구조사 결과에 의하면 구례·봉성장씨는 전국에 총 3,778가구 12,003명이 거주하고 있는 것으로 조사되었다.

관향 구례(求禮)의 연혁

구례(求禮)는 전라남도 북동부에 위치하는 지명으로 본래 백제의

충절사(忠節祠). 장지현 장군의 충절을 기린 사당.

구지차현(仇知次縣) 또는 구차례현(求次禮縣)이었으나, 신라 경덕왕 16년(757)에 구례현(求禮縣)으로 고치고 곡성군에 속하게 하였다.

고려 현종 9년(1018)에는 남원부(南原府)의 관할이었고, 인종 21년(1143)에 독립하여 감무(監務)가 파견되었다.

조선조에 들어와서 태종 13년(1413) 구례현으로 승격하였고 현감이 파견되었다. 세조 무렵에는 순천부(順天府)에 속하였으나 연산군 5년(1499)에 이 지방 사람이 역모에 가담한 죄로 폐현(廢縣)되어 부곡(部曲)으로 강등되어 남원부에 속하게 하였다. 중종 2년(1507)에 다시 현으로 환원되었다가 고종 32년(1895) 지방제도 개정으로 구례군으로 남원부의 관할로 개편되었다가, 1896년 전라남도에 속하게 되었다.

1914년 군면 폐합으로 고달면을 곡성으로 이속시켰고, 현내면, 가사면을 구례면으로, 간전면, 문척면을 간문면으로, 방광면, 소의면을 광의면으로, 용강면, 중방면을 용방면으로 통합하고, 토지면, 마산면, 외산면, 내산면은 그대로 소속시켰다. 1932년에 내산면, 외산면을 산동면으로 합하였다. 1963년 행정구역 개편에 따라 구례면(求禮面)이 읍으로 승격되었다. 봉성(鳳城)은 구례의 별칭이다.

세종실록지리지(世宗實錄地理志) : 구례현(求禮縣)

본래 백제의 구차례현(仇次禮縣)이었는데, 신라에서 구례현으로 고쳐서 곡성군(谷城郡)의 영현(領縣)으로 하였다. 고려 초에 남원부(南原府)의 임내(任內)를 삼았다가, 인종(仁宗) 21년에 감무(監務)를 두었고, 본조 태종(太宗) 13년 계사에 예(例)에 의하여 현감(縣監)으로 고쳤다. 별호는 봉성(鳳城)이다. 옛 속소(屬所)가 2이니, 남전(南田), 방광(放光)이요, 부곡(部曲)이 2이니, 사등촌(沙等村 : 혹은 沙圖라고 한다), 유곡(楡谷)이다.

사방 경계[四境]는 동쪽으로 경상도 진주(晉州)에 이르기 20리,

구례 · 봉성장씨(求禮 · 鳳城張氏)

남쪽으로 순천(順天)에 이르기 9리, 서북쪽으로 남원(南原)에 이르는데, 서쪽이 39리, 북쪽이 10리이다.

호수가 1백 37호요, 인구가 6백 77명이다. 군정은 시위군이 16명이요, 순천 수호군(順天守護軍)이 12명이요, 선군이 1백 15명이다.

토성(土姓)이 5이니, 장(張), 도(陶), 손(孫), 전(全), 임(任)이요,(어떤 본에는 전(全)이 없고 진(陳)씨 성이 있다.) 내접성(來接姓)이 1이니 양(梁)이요, 속성(續姓)이 2이니 박(朴 : 온 곳을 모른다.), 황(黃 : 의창현(義昌縣)에서 왔다.)이다.(모두 향리이다.) 사등촌(沙等村)의 성이 1이니 임(任)이요, 속성(續姓)이 1이니, 정(鄭 : 鄕吏)이요, 남전(南田)의 망성(亡姓)이 1이니, 임(林)이요, 방광(放光)의 망성(亡姓)이 1이니, 유(劉)이다.

땅이 메마르며, 간전(墾田)이 1천 7백 35결이요, 논이 조금 적다. 토의(土宜)는 오곡과 뽕나무, 삼, 목화, 닥나무, 왕골이다. 토공(土貢)은 여우가죽, 삵괭이 가죽, 족제비털[黃毛], 칠, 대추, 꿀, 밀[黃蠟], 표고, 석이, 감, 석류, 배[梨], 심황(深黃), 가뢰[班猫], 작설차, 호도[唐楸子]요, 약재(藥材)는 겨우살이풀뿌리[麥門冬]요, 토산(土産)은 왕대, 은어이다.

역(驛)이 1이니, 잔수(潺水)요, 요해(要害)가 2이니, 잔수진(潺水津), 말초율현(末草栗峴)이다. 모두 구례(求禮)에서 남쪽으로 순천(順天)으로 가는 지로(指路)이다.

월경(越境)은 경상도 진주(晉州) 임내(任內)의 화개(花開)의 땅이 곤남(昆南), 하동(河東), 악양(岳陽)으로 1백 50여 리를 넘어서 현의 동쪽에 들어와 있다.

분파(分派)와 파조(派祖)

구례장씨는 크게 충신파(忠信派), 충익파(忠翊派), 충보파(忠輔派)로 분파하였다.

충신파(忠信派)

파조 장충신(張忠信)은 시조 양간공 장악(張岳)의 7대손으로 판윤(判尹) 장비(張丕)의 장남이며, 고려조에서 사복시 소경(少卿)을 역임하였다. 후손들은 매천파, 교동파, 무주파, 양정파, 월평파, 보은파, 금산파, 명양파로 분파하였다.

매천파(梅天派)의 파조 장명익(張溟翼)은 시조 양간공 장악(張岳)의 17대손으로 사헌부 감찰 장이립(張而立)의 장남이다.

교동파(橋洞派)의 파조 장세웅(張世雄)은 시조 양간공 장악(張岳)의 17대손으로 선교랑(宣敎郞) 장망구(張望久)의 장남이다.

무주파(茂朱派)의 파조 장세안(張世安)은 시조 양간공 장악(張岳)의 17대손으로 증 승정원 좌승지 장방한(張邦翰)의 장남이며, 가선대부 호조 참판, 지의금부사(知義禁府事), 오위도총부 부총관(五衛都摠府副摠管)에 증직되었다.

양정파(楊亭派)의 파조 장후재(張後載)는 시조 양간공 장악(張岳)의 17대손으로 통덕랑(通德郞) 장신갑(張信甲)의 장남이다.

월평파(月坪派)의 파조 장신철(張信哲)은 시조 양간공 장악(張岳)의 17대손으로 장부연(張復連)의 아들이다.

보은파(報恩派)의 파조 장해운(張海雲)은 시조 양간공 장악(張岳)의 17대손으로 장위(張渭)의 아들이며, 절충장군(折衝將軍)으로 용양위 부호군을 거쳐, 동지중추부 지사를 지냈다.

명양파(鳴陽派)의 파조 장만휘(張萬輝)는 시조 양간공 장악(張岳)의 17대손으로 장일명(張日命)의 아들이다.

충익파(忠翊派 : 求禮派)

파조 장충익(張忠翊)은 시조 양간공 장악(張岳)의 7대손으로 판윤(判尹) 장비(張丕)의 2남이며, 한성 판윤을 지냈다. 후손들은 사도파, 남원파로 분파하였다.

사도파(沙圖派)의 파조 장신(張信)은 시조 양간공 장악(張岳)의 12대손으로 장우회(張友會)의 4남이며, 승훈랑(承訓郞)에 올라 공조 좌랑을 역임하였다.

남원파(南原派)의 파조 장천록(張天祿)은 시조 양간공 장악(張岳)의 12대손으로 장억보(張億寶)의 2남이다.

충보파(忠輔派 : 花洞派)

파조 장충보(張忠輔)는 시조 양간공 장악(張岳)의 7대손으로 판윤을 지낸 장비(張丕)의 3남이며, 사복시 부정을 역임하였다. 그의 10대손인 장두천(張斗天) 대(代)에서 다시 분파하였다.

세계(世系)와 항렬(行列)

세계도(世系圖)

- 도시조 장정필 張貞弼 忠獻公
  - ⋮
  - 14세손 기 機 興山君
    - 을용 乙用 尙書
    - 인언 仁言 上護君
    - 진운 進雲 平章事
    - 낙 洛 內史令
    - 승 承
    - 회 薈
    - 득재 得載 尙書
- 시조 악 岳 鳳城君
  - 한규 漢奎
    - 교 僑 內史令
      - 순지 順智 少卿
      - 주오 周吾 侍郞
      - 치 稚 中郞將
    - 수 脩
      - 순의 順義 大提學
      - 주길 周吉 侍郞
      - 유 維 侍郞
      - 비 丕 判尹
        - 충신 忠信 ⋯ 영동 · 옥천 · 선산 · 보은파 (永同 · 玉川 · 善山 · 報恩派)
        - 충익 忠翊 ⋯ 구례 · 무주파 (求禮 · 茂州派)
        - 충보 忠輔 ⋯ 장수 · 용담 · 회인 · 청산파 (長水 · 龍潭 · 懷仁 · 靑山派)

구례 · 봉성장씨(求禮 · 鳳城張氏)

항렬표(行列表)

세	항렬자	세	항렬자	세	항렬자
19	萬(만)	20	漢(한)	21	載(재)
22	日(일)	23	成(성)	24	心(심)
25	相(상)	26	寅(인)	27	燮(섭)
28	時(시)	29	鎭(진)		

역대 주요 인물

장 악(張 岳)

생졸년 미상. 일휘는 악(嶽), 호는 이재(爾齋), 시호는 양간(襄簡). 구례장씨(求禮張氏)의 시조.

고려 인종조에 벼슬이 시중(侍中)에 이르렀는데, 그의 나이 70세에 조정(朝廷)에 들어갈 때마다 얼굴에 항상 근심하는 기색이 있어 인종이 "무슨 걱정이 있어 얼굴이 그리 어두운가?" 하고 물으니 대답하기를, "신은 봉성(鳳城 : 지금의 전남 구례)에서 나고 성장하여 이렇게 나이를 먹었는데, 이제 와서 고향과 떨어져 있으니 고향 생각이 그리워 그렇습니다." 라고 하였다. 이에 인종이 귀향을 허락하고 봉성군(鳳城君)으로 봉군하여 봉성을 식읍(食邑)으로 하사하였다.

이에 후손들이 그를 중시조로 모시고 본관을 봉성(鳳城)으로 하여 세계(世系)를 이어오고 있다. 구례에 그의 사당인 백련사(白蓮祠)와 신도비가 세워져 있고 충북 영동에 봉성장씨 세덕비(鳳城張氏世德碑)가 세워져 있다.

장 비(張 丕)

생졸년 미상.

고려조에 문과에 급제하여 개성승(開城丞)을 지내고 고려 충숙왕 2년(1314) 한림학사(翰林學士)로 영풍승(永豊丞)에 올라 판윤(判尹)에 이르렀다. 그는 전객사령으로 장인인 김영이와 손위 동서인 정랑 박원용과 한성 판윤 장비와 손아래 동서인 대제학 박시용과

구례 · 봉성장씨(求禮 · 鳳城張氏)

함께 벼슬을 버리고는 고향인 충북 영동으로 낙향하여 학문을 강의하고 후진양성에 노력하니 많은 인재가 배출되었다.

여러 차례의 병란(兵亂)으로 묘소와 문헌이 모두 실전되어 충북 영동에 설단(設壇)하였다.

장비와 빙옥정(氷玉亭)

충북 영동군 양강면 남전리에 있는 고려 말기의 문신 김영이(金令貽)와 장비 장비(張丕)가 세운 제단이 있던 곳에 빙옥정(氷玉亭)이라는 정자가 있다.

고려 후기에 전객사령(典客寺令)을 지낸 김영이(金令貽)와 그의 사위로 한성부 유수(留守)를 지낸 장비(張丕)가 제단(祭壇)을 세웠던 곳으로 양강면 산막천변의 기암절벽에 위치한다. 현재 이곳에는 후손들이 이들을 기리기 위해 건립한 묘비와 정자가 있다.

원(元)의 잦은 침입으로 국가의 기강이 문란하고 치안이 마비되는 난세를 바로잡을 길이 없던 고려 말엽에 벼슬을 버리고 낙향하여 초야에 은거하는 뜻있는 선비들이 많았는데, 이때 김영이

장비(張丕)와 김영이(金令貽)의 단소.

도 맏사위 박원용(朴元龍), 둘째 사위 장비(張丕), 막내 사위 박시용(朴時庸)과 함께 낙향하여 이곳에 제단을 세우고 매일 북향재배하며 국운의 번성을 빌고 후학들을 가르쳤다고 한다. 그들이 죽은 후 묘소를 잃게 되자 후손들이 이곳에 두 사람의 묘비와 정자를 세우고 빙옥정(氷玉亭)이라 하였다.

'빙옥'이라는 말은 '장인집인 빙청(氷淸)과 사위집인 옥윤(玉潤) 간의 정이 마치 얼음처럼 맑고 윤기나는 구슬과 같다'는 뜻을 가진 중국의 고사에서 유래하는데 장인 김령이와 사위 장비가 이곳에서 아름다운 경치를 시로 읊으며 마음을 고결하고 즐겁게 하던 것이 꼭 이들과 같다는 의미이다.

장 교(張 橋)

고려조에 내사령(內史令)을 역임하였다.

장순지(張順智)

고려조에 소경(少卿)을 역임하였다.

빙옥정(氷玉亭). 영동군 향토유적 제14호.

구례·봉성장씨(求禮·鳳城張氏)

장순의(張順義)
고려조에 대제학(大提學)을 역임하였다.

장주오(張周吾)
고려조에 시랑(侍郎)을 지냈다.

장주길(張周吉)
고려조에 시랑(侍郎)을 역임하였다.

장 유(張 維)
고려조에 시랑(侍郎)을 지냈다.

장충신(張忠信)
조선조에 소경(少卿)을 역임하였다.

장충익(張忠翊)
조선조에 판윤(判尹)을 역임하였다.

장한공(張漢公)
성종 10년(1479)~중종 34년(1539).
어려서부터 용모가 준엄하고 대인(大人)의 기상이 있었으며 항상 책읽기를 게을리 하지 않았다. 부모상을 당하여서는 6년간 여묘살이할 정도로 효성 또한 지극하였다. 성종 23년(1492) 과거에 급제하고, 중종 1년(1506) 연산군을 폐하는 중종반정에 공을 세워 병충분의결책익운정국공신(秉忠奮義決策翊運靖國功臣)에 녹권되었다.

정3품 당상관인 통정대부의 품계로 여주와 황주의 목사(牧使)를 지냈다. 자헌대부 공조판서에 추증되고 영산군(永山君)에 봉해졌다.

장세정(張世禎)

조선조에 현감(縣監)을 역임하였다.

장필무(張弼武)

중종 5년(1510)~선조 7년(1574). 자는 무부(武夫), 호는 백야(栢冶), 시호는 양정(襄貞). 군수 장사종(張嗣宗)의 손자, 장근(張謹)의 아들.

그는 조선 중기의 무신으로 청백리에 오른 대표적인 무인이다. 중종 38년(1543) 무과에 급제하여 부산진 첨절제사(僉節制使), 제주목사, 만포진 첨절제사를 지낸 후 종사관(從事官)으로 명나라에 다녀왔다. 온성판관(穩城判官)으로 재직할 당시, 오랑캐들이 장성문(長城門) 안으로 들어오자 그는 대장군 휘하에 있던 군사 8명을 거느리고 오랑캐 20여 명의 목을 베었다. 어사(御使) 조광언(趙光彦)이 이 사실을 왕에게 고하니, 특별히 치하하여 의복 한 벌을 하사하였다.

명종 2년(1547) 양상군수로 부임하였을 당시에 양산은 병사(兵使)와 수사(水使)의 두 영(營) 사이에 끼어 양쪽에서 군수에게 요구하는 바가 많았다. 그러나 그는 타당한 요구가 아니면 일체 들어주지 않자, 어느 날 병수사(兵水使)가 양산 관아에 모여 그에게 무엇을 믿고 그러느냐고 따지니, 그가 말하기를, "내가 믿는 것은 다만 초가집 몇 칸뿐이다."라고 대답하였다.

한 번은 그가 남명(南冥) 조식(曺植) 선생을 지리산으로 찾아가 인사하니 남명 선생이 말하기를, 이 세상에서 백이(伯夷)와 숙제

(叔齊)를 다시 보았다고 하며 그의 청렴결백을 칭찬하였다고 한다.

선조 5년(1572) 함경도 병마절도사(兵馬節度使)로 제수되어 부임하니 모든 오랑캐들이 서로 경계하기를, "장 장군이 왔으니 함부로 침범하여 사건이 일어나게 하지 말라." 고 하였다. 평소에 그가 부하 병사들을 엄하게 대하므로 어떤 사람이 너무 과도하다고 하자 그가 대답하기를, "살기를 좋아하고 죽기를 싫어하는 것은 사람의 상정(常情)이다. 죽기를 싫어하는 사람을 몰아넣어 사지(死地)로 보내도 감히 머뭇거리지 않는 것은 물러나면 죽기 때문에 차라리 앞으로 나아가 살기를 바라는 것이다. 평소에 엄하게 하지 않아 사람들이 무서워할 줄 모르고 누그러진 뒤에 목을 벤다 한들 무슨 소용이 있겠느냐?" 고 하였다.

무인이면서도 역학(易學)에도 밝았고 명종, 선조조의 청렴결백한 인물로 나라 안에서 칭송되었다. 후에 청백리(淸白吏)로 녹선(綠選)되었고 자헌대부 병조판서에 추증되었다. 시호는 양정(襄貞)이다.

학행과 충효, 청백으로 영동의 화암서원(花巖書院)과 무주의 죽계서원(竹溪書院)에 제향되었다.

강계부사 장필무

장필무는 무과에 급제하자 조정에서는 장필무가 아니고는 서북변경의 여진족을 막아낼 장군이 없다는 평이 널리 퍼져 왕이 그를 곧 강계부사에 임명했다. 그가 강계부사로 나가 있는 동안 항상 백성을 너그럽고 관대하게 대해 군사들이 아버지처럼 따랐다.

그러나 변경 지대는 4군을 폐지한 후, 그 곳에 살던 백성들은 강계와 구성으로 옮겨가게 되었다. 그 쪽은 여진족을 몰아낸 후, 빈 땅에다 경상도, 전라도, 충청도 백성들을 이주시켰다. 이유는 인구가 많아야 군사들이 먹을 양식을 조달하고, 또한 군사가 많아야 여진족의 침입을 물리칠 수 있기 때문이었으므로 빈 땅에

죽계서원묘정비(竹溪書院廟庭碑). 장필무(張弼武)와 장의현(張義賢), 장지현(張智賢)을 배향한 서원

둔전을 만들고 소를 많이 기르며 인구를 번창시켰다. 강계부사 장필무는 길이 500리, 넓이 600리나 되는 넓디넓은 땅을 둔전으로 만들고, 1,200명 군사를 두 패로 나누어 둔전을 교대로 농사짓게 했다. 장필무는 농사짓는 백성들이 마음 놓고 농사를 짓게 했으며, 직접 군사들을 동원하여 군인들이 농사일을 적극 도와주는 대민 봉사사업을 많이 하였다. 그러나 첫해는 농사가 괜찮았지만, 그 후 수년간은 아주 심한 흉년이 들어 8,000여 호나 되던 강계부 백성들은 그 곳을 떠나 멀리 가서 살았다.

장필무는 가슴이 미어지는 듯 슬퍼하면서 한숨만 쉬었다. 둔전이 놀게 되자 백성들은 굶주릴 수밖에 없었다. 또한 도망가는 군인들이 속출하였고 나아가 기강도 해이해져 도둑이 각 곳에서 들끓었다. 장필무 부사는 자나 깨나 백성들만을 위해 걱정을 하면서 더욱 엄하고 규율 있는 군대를 만들고자 혼신의 노력을 다했다. 또한 군량미 한 톨도 사사로이 쓰는 일이 없이 청렴결백하였다.

그 후 장필무는 오로지 백성만을 위한 행정을 함으로써 날이 갈수록 백성들은 그를 더욱 신뢰했으며 도망갔던 수많은 군사들도 되돌아와 그를 존경하면서 따르게 되었다.

그러나 그 무렵은 여러 가지로 매우 어수선하기만 하였다. 중종 시대에 여러 번의 사화가 일어났으며, 윤원형, 난정 등이 백성의 재물을 끌어 모아들였으며, 임꺽정 등이 황해도 일대에 나타났다.

또한 명나라의 도적떼들이 우리나라의 압록강 건너까지 밀려와 둥지를 틀자 명나라는 조선에게 조선에서도 군사를 내어 도적떼를 쳐내라며 협조를 요청하였다. 그러나 당시 명나라도 힘이 부족하여 마음대로 도적떼를 쳐부수지 못하는 처지인데 어찌 조선이 압록강 너머까지 쳐부술 수가 있을까?

조선의 조정에서는 여러 차례 논의를 한 끝에 또다시 강계부사 장필무에게 명하여 군사를 거느리고 나가 도적을 치도록 했다. 장필무 부사는 병사 100여 명을 거느리고 한밤중에 압록강을 넘어 겹겹이 진을 치고 있는 도적들을 소탕하며 300여 명의 포로를 사로잡았지만 죽이지 않고 다시 명나라에 넘겨주었다.

명나라는 기뻐하면서 황제가 은 3근을 녹여 장필무의 이름 석 자를 새겨 보냈다는 기록이 남아 있으며, 또한 명나라 황제 세종이 당시 많은 비단과 은덩이를 장필무 부사에게 보냈으나, 그는 자신이 받은 모든 상품들을 전 병사들에게 골고루 나눠 주었다고 한다. 이 때 장필무는 농담조로,

"이놈들아, 네 놈들만 가질 것이냐?"

"아닙니다."

"내 몫으로 얼마나 떼어 놓았느냐?"

"열사람 몫입니다."

"아니다. 나도 똑같이 한 사람 몫이면 된다."

라고 말하면서 그는 군사들과 똑같이 한 사람 몫만을 받더니, 그것마저 함께 출전했다가 목숨을 잃은 자기 부하 병사의 어머니에게 직접 보내주었다고 한다.

이 소식을 들은 군졸들은 눈시울을 적시며,

"이 땅에 장 부사님 같은 분이 없다. 싸우는 마당에서는 부사가 아니라 우리와 똑같이 싸우는 동료 군졸이다."

라며 그의 덕과 인자함에 감탄하였다.

장계신(張誡信)

생졸년 미상. 자는 여신(汝信).

인조 때에 무과에 급제하였다. 병자호란이 일어나자 인조를 남한산성까지 호종한 공으로 원종공신에 녹훈되고 가선대부 동지중추부사(同知中樞府事)에 승급되었다.

장의현(張義賢)

중종 28년(1533)～광해군 7년(1615). 자는 의숙(宜叔), 호는 오류정(五柳亭). 경상좌도 병마절도사를 지낸 장필무(長弼武)의 아들.

어려서부터 담력이 뛰어나고 무예에 능하여 무과에 급제하고 비변사에 의하여 무장(武將)으로 천거되어 해남현감을 지냈다. 선조 16년(1583) 부령 부사로 있을 때에는 이탕개(李湯介)의 침입을 격퇴하여 명성을 날렸다.

선조 24년(1591) 장흥 부사가 되고 임진왜란이 일어나자 전라도 방어사 이시언(李時言)의 화열장군(火烈將軍) 겸 조방장(助防將)이 되어 지례(知禮)와 무주의 경계선인 부항령(釜項嶺)에 주둔하여 왜적의 진격을 능수능란한 전술로 막아 내니 왜적이 감히 접근하지 못하였다. 그 후 광주목사(光州牧使)가 되어 운봉 팔령치(八嶺峙)에서 왜적을 무찔러 전공을 세웠다. 경기 교동수사(喬桐水使)를 지내고 나이가 많아 벼슬에서 물러났다.

충효(忠孝)로써 무주(茂州) 죽계서원(竹溪書院)과 영동(永同) 화암서원(花岩書院)에 배향되었다.

장지현(張智賢)

중종 31년(1536)～선조 26년(1593). 자는 명숙(明叔), 호는 삼괴당

(三槐堂). 병마절도사(兵馬節度使) 장필무(張弼武)의 둘째 아들.

선조 23년(1590) 지략이 탁월하여 조정에 천거되어 함경도 병마절도사 신립(申砬)의 부장(副將)이 되어 변방 토벌에 공을 세웠다. 이듬해 사헌부 감찰이 되었으나 사직하고 낙향하였다.

선조 25년(1592) 임진왜란이 일어나자 창의하여 재산을 털어 의병을 규합하여 훈련시켰다. 이 해 5월 왜병 흑전의 2만 병력과 모리의 3만 병력은 파죽지세로 북상해 왔다. 병력, 무기 등이 왜군에 비할 수 없었으나 그는 자연 요새를 이룬 추풍령에 진을 치고 흑전의 주력 부대를 약화시키려고 하였다. 이 추풍령 싸움에서 의병들의 결사적인 전투는 어느 정도 성과를 거두었으나 왜군은 4만이 넘는 병력으로 재차 공격해 와서 의병들은 백병전으로 싸우다가 장지현과 함께 모두 전사하였다.

충신의 정려(旌閭)가 내리고 병조참의에 추증되었으며, 영동의 화암서원(花岩書院)에 향사되었다. 당시 2천 의병이 모두 순절한 추풍령 오룡동(五龍洞)에 비석 두 개가 있는데 하나는 당시 순절한 의병의 순절비이고, 하나는 의병장 장지현 장군의 순절비이다.

장지현 장군 순절비(張智賢將軍殉節碑).

나주장씨

羅州張氏

나주장씨(羅州張氏)

연원(淵源)과 씨족사(氏族史)

나주장씨(羅州張氏)의 시조 장세동(張世東)은 도시조 태사 충헌공(忠獻公) 장정필(張貞弼)의 후손으로 흥성장씨(興城張氏)의 시조 장유(張儒)의 20대손인 장호채(張琥采)의 둘째 아들이다. 그는 조선 인조조에 가선대부(嘉善大夫)에 올라 나주(羅州)에 정착 세거하다가 황해도 장연(長淵)으로 이거하니, 후손들이 조상의 세거지이자 산소가 있는 나주를 기려 흥성장씨에서 분적(分籍)하여 본관을 나주(羅州)로 하여 세계(世系)를 이어오고 있다.

나주장씨(羅州張氏)의 대표적인 인물을 살펴보면, 시조 장세동의 증손으로 수군첨절제사(水軍僉節制使)를 지낸 장준필(張俊必)이 있는데, 그의 세 아들 장억구(張億九), 장만구(張萬九), 장만석(張萬石)이 각각 세 파로 나뉘어 분파하였다. 그리고 장치대(張致大), 장치명(張致明) 등이 있고, 부호군(副護軍) 장일춘(張日春), 수군첨절제사(水軍僉節制使) 장익진(張翼辰), 오위장(五衛將) 장영근(張永根) 등이 나주장씨의 이름을 널리 빛냈다.

2000년 인구조사 결과에 의하면 나주장씨는 전국에 총 1,170가구 3,662명이 거주하고 있는 것으로 나타났다.

관향 나주(羅州)의 연혁

나주(羅州)는 전라남도 나주시(羅州市) 지역으로 백제 때 발라군(發羅郡)으로 불리었고, 뒤에 죽군성(竹軍城)으로 바뀌었다. 백제 멸망 후 당나라가 이곳에 대방주(帶方州)를 설치하였으며, 신라 신문왕 6년(686)에는 통의군(通義郡)으로, 경덕왕 16년(757) 이후로는 금산군(錦山郡) 또는 금성군(錦城郡)으로 부르며 무주(武州 : 光州)의 관할로 두었고, 회진현(會津縣), 여황현(艅艎縣), 철야현(鐵冶縣) 등이 부속으로 영입되었다.

고려 태조 23년(940)에 나주로 지명이 바뀌었고, 성종 2년(983)에 나주목이 설치되었다. 성종 14년(995)에는 나주진해군절도사(羅州鎭海軍節度使)가 되었으며, 현종 9년(1018) 다시 나주목으로 고쳐 5개의 속군(무안, 담양, 곡성, 낙안, 남평)과 11개의 속현(철야, 반남, 안노, 복룡, 원율, 여황, 창평, 장산, 회진, 진원, 화순)을 거느렸다. 충선왕 2년(1310)에 지주사(知州事)로 강등되었다가 공민왕 5년(1356)에 다시 목으로 승격하였다. 고려와 조선시대를 통하여 주로 목(牧), 부(府)로서 전남지역 행정의 중심지를 이루었다.

고종 32년(1895) 지방제도 개정으로 나주부로서 나주군 등을 관할하였고, 1981년 나주읍과 영산포읍이 통합하여 금성시로 승격하여 나주군에서 분리되었고, 금성시는 1985년 나주시로 개칭되었다. 1995년 나주시와 나주군이 통합되어 나주시로 개편되었다.

세종실록지리지(世宗實錄地理志) : 나주목(羅州牧)

본래 백제의 발라군(發羅郡)이었는데, 신라에서 금산군(錦山郡)으로 고쳤다. 신라 말년에 견훤(甄萱)이 후백제왕(後百濟王)이라

일컫고 모두 그 땅을 차지하였는데, 얼마 안 가서 금산(錦山) 사람들이 후고려왕(後高麗王) 궁예(弓裔)에게 붙으니, 궁예가 명(命)하여 고려 태조(太祖)를 정기 태감(精騎太監)으로 삼고 뱃군사[舟師]를 거느리고 공격하여 빼앗게 하여서 나주(羅州)로 고쳤다. 성종(成宗) 15년 병신에 새로 10도(道)를 정하고 나주진 해군 절도사(羅州鎭海軍節度使)로 하였다. 현종(顯宗) 원년 경술에 왕이 글안(契丹)의 군사를 피하여 남쪽으로 순행(巡行)하여 이곳에 열흘 동안 머물렀었는데, 글안 군사가 패(敗)하여 물러가므로, 왕이 이에 환도(還都)하였다. 9년 무오에 목(牧)으로 고쳤는데, 본조에서도 그대로 따랐다. 별호(別號)는 통의(通義) 금성(錦城)이다. 옛 속현(屬縣)이 8이니, 영산(榮山)은 본래 흑산도(黑山島)이었는데, 육지로 나와 주(州)의 남쪽 10리 되는 남포강(南浦江)가로 옮겼으며 압해(押海)는 본래 백제의 아차산현(阿次山縣)이었는데, 신라에서 압해군(押海郡)으로 고쳤고, 고려 초에 본주에 내속(來屬)시켰으며, 여황(艅艎)은 본래 백제의 수천현(水川縣)이었는데, 신라에서 여황으로 고쳤으며, 회진(會津)은 본래 백제의 두힐현(豆肸縣)이었는데, 신라에서 회진으로 고쳤으며, 안로(安老)는 본래 백제의 아로곡현(阿老谷縣)이었는데, 신라에서 야로(野老)로 고쳐서 영암(靈巖)의 영현(領縣)으로 삼았고, 고려에서 다시 안로(安老)라 하여 이에 내속시켰으며, 복룡(伏龍)은 본래 백제의 복룡현이었는데, 신라에서 용산(龍山)으로 고쳐서 무주(武州)의 영현(領縣)으로 삼았고, 고려에서 다시 복룡이라 하여 이에 내속시켰으며, 반남(潘南)은 본래 백제의 반내부리현(半奈夫里縣)이었는데, 신라에서 반남으로 고쳐서 영암(靈巖)의 영현(領縣)으로 삼았고, 고려 초에 내속(來屬)시켰으며, 장산(長山)은 본래 백제의 거지산현(居知山縣)이었는데, 신라에서 안파현(安波縣)으로 고쳐서 압해(壓海)의 영현(領縣)으로 삼았고, 고려에서 다시 장산이라 하여 본주에 내속시켰다. 향(鄕)이 2이니, 종의(從義), 손리(孫利)이요, 소(所)가 1이니, 수타(水墮)이요, 부곡(部曲)이 6이니, 거평(居平), 임성(任城), 군산(群山), 극포(極浦), 금마(金磨), 평구(平丘)이다.

진산(鎭山)은 금성(錦城)이다. 남해 신사당(南海神祠堂) 앙암(仰巖) 용진(龍津) 남포진(南浦津) 사방 경계[四境]는 동쪽으로 남평(南平)에 이르기 5리, 서쪽으로 무안(務安)에 이르기 27리, 남쪽으로 영암(靈岩)에 이르기 32리, 북쪽으로 함평(咸平)에 이르기 32리이다.

호수가 1천 89호요, 인구가 4천 26명이다. 군정은 시위군이 59명이요, 영진군(營鎭軍)이 1백 55명이요, 선군이 6백 70명이다.

토성(土姓)이 9이니, 김(金), 나(羅), 오(吳), 정(鄭), 진(陳), 손(孫), 남(南), 박(朴), 유(柳)이다. 영산(榮山)의 속성(續姓)이 1이니, 윤(尹)이요, 압해(押海)의 성이 5이니, 박(朴), 주(朱), 정(丁), 강(江), 남(南)이요, 반남(潘南)의 성이 5이니, 홍(洪), 조(曺), 박(朴), 채(蔡), 송(宋)이요, 회진(會津)의 성이 4이니, 양(梁), 임(林), 신(申), 조(曺)요, 안로(安老)의 성이 4이니, 김(金), 서(徐), 차(車), 전(全)이다. 복룡(伏龍)의 성이 5이니, 조(曺), 박(朴), 구(仇), 유(庾), 화(化)요, 속성(續姓)이 1이니, 범(汎)이다. 여황(艅艎)의 성이 4이니, 조(趙), 조(曺), 화(化), 주(朱)요, 속성이 1이니, 전(全)이다. 장산(長山)의 성이 3이니, 남(南), 김(金), 채(蔡)요, 종남(從南)의 성이 2이니, 박(朴), 홍(洪)이요, 거평(居平)의 성이 3이니, 사마(司馬), 유(柳), 임(林)이요, 극포(極浦)의 성이 1이니, 윤(尹)이다. 임성(任城)의 성이 1이니, 유(兪)요, 망성(亡姓)이 1이니, 윤(尹)이다. 군산(群山)의 성이 1이니, 유(兪)요, 망성(亡姓)이 1이니, 윤(尹)이요, 금마(金磨)의 망성(亡姓)이 1이니, 하(河)요, 손리(孫利)의 망성(亡姓)이 1이니, 오(吳)이었다. 인물

은 첨의 중찬(僉議中贊) 문정공(文靖公) 정가신(鄭可臣)이니 고려 충선왕(忠宣王) 때 사람이요, 문하 평리(門下平理) 경렬공(景烈公) 정지(鄭地)이니, 고려 공양왕(恭讓王) 때 사람이다.

땅이 기름진 것이 3분의 1이다. 간전(墾田)이 1만 5천 3백 39결이요, 토의(土宜)는 오곡과 뽕나무, 삼, 왕골, 닥나무, 왕대이다. 토공(土貢)은 표범가죽, 삵괭이가죽, 여우가죽, 잘, 족제비털[黃毛], 표범꼬리, 등나무상자, 목화, 자리, 작설다(雀舌茶), 새앙, 죽순, 대추, 감, 배[梨], 석류, 비자(榧子)요, 약재(藥材)는 연밥[蓮子], 오매실(烏梅實), 염매실(鹽梅實), 겨우살이풀뿌리, 패랭이꽃이삭[瞿麥穗], 도아조기름[島阿鳥油], 잉어쓸개[鯉膽], 녹용(鹿茸)이요, 토산(土産)은 절어(節魚), 귤이다. 염소(鹽所)가 35요, 자기소(磁器所)가 1이니, 주의 서쪽 대각동(大角洞)에 있고, 도기소(陶器所)가 1이니, 주의 남쪽 금마리(金磨里)에 있다.

세계(世系)와 항렬(行列)

세계도(世系圖)

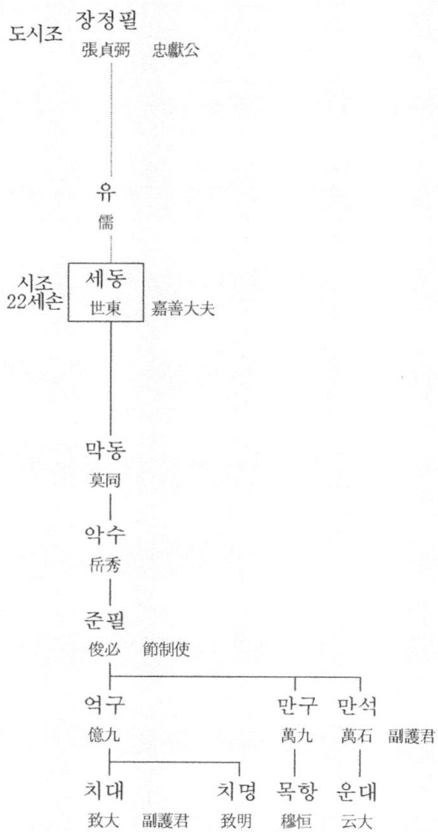

항렬표(行列表)

세	항 렬 자	세	항 렬 자	세	항 렬 자
14	旭(욱)·成(성)	15	亨(형)·埈(준)	16	宰(재)·珍(진)
17	哲(철)·洪(홍)	18	秀(수)·元(원)	19	志(지)·晋(진)
20	在(재)·原(원)	21	碩(석)·益(익)		

역대 주요 인물

장세동(張世東)

생졸년 미상. 나주장씨(羅州張氏)의 시조. 도시조 태사공(太史公) 장정필(張貞弼)의 후손, 광평시랑(廣評侍郎) 청계공(淸溪公) 장유(張儒)의 21세손인 장호채(張琥采)의 아들.

조선 인조조에 가선대부(嘉善大夫)에 올랐으며, 나주에 정착하여 세거(世居)하다가 황해도 장연으로 이거(移居)하였다. 본관을 이전의 세거지인 나주로 하고 세계를 이어왔다.

장준필(張俊必)

조선조에 수군첨절제사(水軍僉節制使)를 역임하였다.

장만석(張萬石)

자는 감화(監和).

조선조에 가선대부(嘉善大夫)에 이르렀다.

장치대(張致大)

자는 선행(善行).

조선조에 가선대부(嘉善大夫)에 이르렀다.

장치명(張致明)

자는 희성(希聖).
조선조에 가선대부(嘉善大夫)에 이르렀다.

장일춘(張日春)

자는 금석(錦錫).
조선조에 부호군(副護軍)을 지냈다.

장익진(張翼辰)

자는 영환(永紈).
조선조에 수군첨절제사(水軍僉節制使)를 역임하였다.

장영근(張永根)

자는 관우(寬禹).
조선조에 오위도총부(五衛都摠府) 오위장(五衛將)을 지냈다.

단양장씨

丹陽張氏

연원(淵源)과 씨족사(氏族史)

단양장씨(丹陽張氏)는 동원(同源)이면서도 계보(系譜)를 달리하는 두 계통이 있다. 선단양(先丹陽)으로 불리는 첫 계통은 도시조 태사 충헌공(太師忠獻公) 장정필(張貞弼)의 증손인 장지현(張之賢)의 차남 장순익(張順翼)을 시조로 한다. 그는 고려조에 금자광록대부 문하시중(金紫光祿大夫門下侍中)에 오르고 단양군(丹陽君)에 봉해졌으므로 후손들은 단양(丹陽)을 관향으로 하여 오늘날까지 세계(世系)를 이어왔다.

후단양(後丹陽)으로 불리는 두 번째 계통은 도시조 태사 충헌공(太師忠獻公) 장정필(張貞弼)의 14세손으로 결성부원군(結城府院君)에 봉해졌던 장사(張槵)의 차남 장갑용(張甲用)과 3남 장무용(張戊用)을 관조로 하는 계통이다.

단양군(丹陽君) 장순익(張順翼)의 제단.

단양장씨(丹陽張氏)을 빛낸 대표적인 인물 중 먼저 선단양 계통을 살펴보면, 단양군 장순익(順翼)의 아들 장재일(張載鎰)이 고려조에서 상장군을 역임했다. 이어 장한문(張漢文)은 고려 고종조에 문과에 장원 급제하여 국자감 좨주(國子監祭酒) 겸 보문각 직제학(寶文閣直提學)을 역임하고 나라에 공을 세워 단양군(丹陽君)에 봉해져서 가세를 일으켰는데, 그는 장순익(張順翼)의 자손이지만 중간 계대가 실전되어 후손들이 그를 직제학공파(直提學公派)의 파조로 삼고 있다.

장한문의 아들 장흡(張洽)은 문과에 올라 국학박사(國學博士)와 우통례(右通禮)를 지냈으며, 장흡의 아들 장중란(張仲蘭)도 문과에 올라 용천부사(龍川府使), 황해도 감사(監司), 호조참의를 거쳐 호조전서 등을 두루 역임했다.

한편 조선조에서 황해 감사와 호조참의를 역임했던 장중란(張仲蘭)의 아들 장윤화(張允和)는 비순위정용낭장(備巡衛精勇朗將)으로 한양 환도에 공을 세워 단산군(丹山君)에 봉해졌으며, 태종과 동갑계원으로 친분이 두터웠다. 그의 아들 장지(張祉)는 강원 감사(江原監司)를 지냈는데, 수양대군이 왕위를 찬탈하자 벼슬을 버리고 은거하며 절개를 지켰으며, 손자 장덕강(張德康)도 제주 목사를 그만두고 영월로 은거해 불사이군의 충절을 지켰다. 한말에 와서는 장윤덕(張胤德)이 의병을 규합하여 영주, 풍기 등지에서 일본군과 싸우던 중 부상하여 체포된 뒤에도 계속 항거하다가 총살당했다.

후단양 계통에서 가문을 빛낸 인물로는 조선 초기에 한성 부윤(漢城府尹)을 역임한 임정(林亭) 장덕량(張德郞)과 예조판서에 올랐던 장계증(張繼曾)이 유명했다. 중종반정에 공을 세웠던 장온(張溫)은 정국삼등공신으로 단양군에 봉해져서, 호조참판을 지낸 장강(張綱), 공조참판 장석규(張錫奎), 사헌부 감찰 장준(張準) 등과 함께 단양장씨를 빛냈다.

단양장씨(丹陽張氏)

1985년 경제기획원 인구조사 결과에 의하면 단양장씨(丹陽張氏)는 남한에 총 7,365가구 30,512명이 살고 있는 것으로 나타났으며, 2000년 인구조사에 의하면 전국에 10,541가구 33,295명이 거주하고 있는 것으로 조사되었다.

관향 단양(丹陽)의 연혁

단양(丹陽)은 충청북도 북부, 동단부에 위치하는 지명으로 고구려의 적산현(赤山縣) 혹은 적성현(赤城縣)이었으며, 신라 때 내제군(奈提郡)의 영현(領縣)이 되었다.

고려 초에 단산(丹山)으로 개칭, 현종 9년(1018)에 원주(原州)에 속했다가 뒤에 충주(忠州)로 이속되었다. 고종조에 고을 사람들이 합단(哈丹)의 난을 물리친 공으로 감무(監務)를 두었다. 충숙왕 5년(1318)에 지단양 군사(知丹陽郡事)가 되었다.

조선 태종 13년(1413)에 군(郡)이 되었으며, 고종 32년(1895)에

장지(張祉)의 묘소.

충주부(忠州府)의 관할 아래에 들어갔다가 1896년 충청북도에 속하게 되었다.

1914년에 군면 폐합에 따라 단양군과 영춘군(永春郡)을 병합하여 단양군이 되었다.

1976년 영춘면에 별방출장소 설치, 1979년 단양면을 단양읍으로 승격, 1980년 매포면을 매포면읍으로 승격, 1985년 단양읍에 구단양 출장소가 설치되고, 1992년 단양읍 구단양출장소가 단성면으로 승격되었다.

세종실록지리지(世宗實錄地理志) : 단양군(丹陽郡)

본래 고구려의 적산현(赤山縣)인데, 신라에서 그대로 따라 내제군(柰堤郡)의 영현(領縣)을 삼았고, 고려에서 단산현(丹山縣)으로 고치어, 현종(顯宗) 9년에 원주(原州) 임내(任內)에 붙였다가, 뒤에 충주(忠州) 임내에 옮겨 붙였다. 합단 난리[哈丹亂]에 이 고을 사람들이 능히 그 적을 막았으므로, 그 공을 상주고, 비로소 감무(監務)를 두었다. 충숙왕(忠肅王) 5년 무진(戊辰)에 지단양군사(知丹陽郡事)로 승격시켰고, 본조에서도 그대로 따랐다. 속장(屬莊)이 1이니, 매포(買浦)이다.

명산은 죽령(竹嶺)이다. 대천(大川)은 상진(上津)이다.

사방 경계는 동쪽으로 순흥(順興)에 이르기 24리, 서쪽으로 청풍(淸風)에 이르기 16리, 남쪽으로 예천(醴川)에 이르기 18리, 북쪽으로 영춘(永春)에 이르기 30리이다.

호수가 2백 35호요, 인구가 7백 24명이다. 군정은 시위군이 26명이요, 선군(船軍)이 26명이다.

본군(本郡)의 토성(土姓)이 4이니, 우(禹), 장(張), 지(池), 이(李)요, 매포장(買浦莊)의 성이 1이니, 피(皮)요, 속성(續姓)이 2이니, 이(李), 지(池)이다. 인물은 단양백(丹陽伯) 충정공(忠靖公)

우현보(禹玄寶)이다.

땅이 메마르고, 기후가 일찍 춥다. 간전(墾田)이 1천 1백 69결(結)이요, 토의(土宜)는 뽕나무, 산뽕나무, 칠(漆), 닥나무, 가래나무, 잣나무, 삼[麻], 콩, 조[粟]이며, 토공(土貢)은 꿀, 밀[黃蠟], 범가죽, 삵가죽, 지초, 느타리[眞茸], 석이[石茸], 잡깃, 족제비털[黃毛], 종이요, 약재(藥材)는 복령, 승검초뿌리[當歸], 복신[茯神], 대왕풀[白芨], 인삼, 자단향(紫檀香), 북나무진[安息香], 모향(茅香), 곰의 쓸개[熊膽]이요, 토산(土産)은 산겨자[山芥], 송이[松茸], 신감초(辛甘草), 먹[墨]이다.

가은암산 석성(加隱巖山石城)이 군의 서쪽 13리에 있고, 역(驛)이 2이니, 영천(靈泉), 장림(長林)이요, 봉화가 1곳이니 소이산(所伊山)이다.

월경처(越境處)는 순흥(順興) 임내의 하곡소(下谷所)가 죽령(竹嶺)을 넘어 군(郡)의 동촌(東村) 가운데에 들어와 있다.

분파(分派)와 파조(派祖)

단양장씨는 크게 단양백파(丹陽伯派), 청계공파(淸溪公派), 판서공파(判書公派), 사헌공파(司憲公派), 정헌공파(正憲公派), 호부공파(戶部公派), 제학공파(提學公派)로 각각 분파하였다.

단양백파(丹陽伯派)

파조 장춘(張春)은 시조 단양군(丹陽君) 장순익(張順翼)의 10대손으로 판도판서(版圖判書) 장효원(張孝元)의 장남이며, 영동정(令同正)에 올라 단양백(丹陽伯)에 봉해졌다. 후손들은 아파, 형운파로 분파하였다.

아파(莪派)의 파조 장아(張莪)는 시조 단양군 장순익(張順翼)의 15대손으로 조봉대부(朝奉大夫) 선공감 부정(副正) 장환(張歡)의 장남이며, 문과에 급제하여 한림(翰林), 이조정랑, 성균관 사예(司藝) 등을 지냈다.

형운파(亨運派)의 파조 장형운(張亨運)은 시조 단양군 장순익(張順翼)의 20대손으로 증 사헌부 지평(持平) 장사선(張思善)의 장남이며, 선조조에 별시문과(別試文科)에 급제하여 승문원 정자(正字)를 지냈다.

청계공파(淸溪公派)

파조 장하(張夏)는 시조 단양군 장순익(張順翼)의 10대손으로 판도판서 장효원(張孝元)의 2남이며, 영동정(令同正)을 지내고 단산백(丹山伯)에 봉해졌다.

진파(瑱派)의 파조 장진(張瑱)은 시조 단양군 장순익(張順翼)의 15대손으로 가선대부 동지중추부사(同知中樞府事) 장사신(張思愼)의 장남이며, 중훈대부(中訓大夫) 성현도 찰방(省峴道察訪)을 지냈다.

선파(璿派)의 파조 장선(張璿)은 시조 단양군 장순익(張順翼)의 15대손으로 가선대부 동지중추부사 장사신(張思愼)의 2남이며, 성종조에 진사시에 합격하여 통덕랑(通德郎)에 올랐다.

현손파(賢孫派)의 파조 장현손(張賢孫)은 시조 단양군 장순익(張順翼)의 16대손으로 통덕랑 장선(張璿)의 2남이며, 성균진사(成均進士)에 합격하고 통정대부 공조참의를 지냈다.

사온파(士溫派)의 파조 장사온(張士溫)은 시조 단양군 장순익(張順翼)의 15대손으로 남해 현감(南海縣監) 장귀손(張貴孫)의 장남이며, 중종조에 생원시(生員試)와 진사시(進士試) 양시(兩試)에 합격하였다.

한신파(漢臣派)의 파조 장한신(張漢臣)은 시조 단양군 장순익(張順翼)의 16대손으로 장사온(張士溫)의 2남이며, 통덕랑(通德郎)에 올랐다.

사량파(士良派)의 파조 장사량(張士良)은 시조 단양군 장순익(張順翼)의 15대손으로 남해 현감 장귀손(張貴孫)의 2남이며, 원종공신(原從功臣)에 녹훈(錄勳)되고 장사랑(將士郎)을 지냈다.

온파(溫派)의 파조 장온(張溫)은 시조 단양군 장순익(張順翼)의 15대손으로 교동 현감(喬桐縣監) 장계손(張季孫)의 2남이며, 무과에 올라 오위도총부 도사(都事) 겸 내금위장(內禁衛將)을 지내고 정국공신(靖國功臣)에 녹훈되어 단양군(丹陽君)에 봉군되고, 자헌대부 호조판서를 지냈다.

옥파(沃派)의 파조 장옥(張沃)은 시조 단양군 장순익(張順翼)의 15대손으로 의령 현감(宜寧縣監) 장말손(張末孫)의 장남이며, 현감(縣監)을 지냈다.

천의파(天義派)의 파조 장천의(張天義)는 시조 단양군 장순익(張順翼)의 15대손으로 장세균(張世均)의 장남이다.

천령파(天齡派)의 파조 장천령(張天齡)은 시조 단양군 장순익(張順翼)의 15대손으로 장세균(張世均)의 2남이며, 진사시에 합격하여 기자전 참봉(箕子殿參奉)을 지냈다.

대방파(大紡派)의 파조 장대방(張大紡)은 시조 단양군 장순익(張順翼)의 20대손으로 장몽주(張夢周)의 장남이며, 선릉 참봉(宣陵參奉)을 지냈다.

신업파(紳業派)의 파조 장신업(張紳業)은 시조 단양군 장순익(張順翼)의 20대손으로 사헌부 감찰(監察) 장계현(張啓賢)의 2남이며, 성균 진사에 합격하고 공조참의를 지냈다.

응서파(應瑞派)의 파조 장응서(張應瑞)는 시조 단양군 장순익(張順翼)의 20대손으로 성균 진사 장문숙(張文淑)의 아들이며, 가선대부

(嘉善大夫)에 올랐다.

태영파(泰泳派)의 파조 장태영(張泰泳)은 시조 단양군 장순익(張順翼)의 20대손이며 장진도(張進道)의 장남이다.

유현파(有賢派)의 파조 장유현(張有賢)은 시조 단양군 장순익(張順翼)의 20대손이며 장시경(張時卿)의 2남이다.

세강파(世綱派)의 파조 장세강(張世綱)은 시조 단양군 장순익(張順翼)의 20대손으로 장귀한(張歸漢)의 아들이며, 통훈대부 장악원정에 증직되었다.

준파(準派)의 파조 장준(張準)은 시조 단양군 장순익(張順翼)의 20대손으로 선전관 장희길(張希吉)의 아들이며, 통훈대부에 올라 사헌부 감찰(監察)을 거쳐 해남 현감(海南縣監)을 지냈다.

판서공파(判書公派)

파조 장천지(張天志)는 시조 단양군 장순익(張順翼)의 13대손으로 통정대부 중추부사(中樞府事) 장공여(張公呂)의 아들이며, 고려조에서 판도판서(版圖判書)를 거쳐 상호군(上護軍)을 역임하였다. 후손은 우량파, 응철파, 익파로 분파하였다.

우량파(友良派)의 파조 장우량(張友良)은 시조 단양군 장순익(張順翼)의 15대손으로 안동 대도호부사(大都護府使) 장자충(張子忠)의 아들이며, 가선대부에 올라 경상우도 병마절제사(兵馬節制使)를 지냈다.

응철파(應哲派)의 파조 장응철(張應哲)은 시조 단양군 장순익(張順翼)의 20대손이며 장성(張誠)의 3남이다.

익파(翼派)의 파조 장익(張翼)은 시조 단양군 장순익(張順翼)의 20대손이며 통덕랑(通德郎) 장문수(張文粹)의 장남이다.

사헌공파(司憲公派)

파조 장구(張耉)는 시조 단양군 장순익(張順翼)의 10대손으로 판도판서 단양군(丹陽君) 장효원(張孝元)의 3남이며, 진사시에 합격하여 사헌부사(司憲府事)를 역임하였다.

언구파(彦玖派)의 파조 장언구(張彦玖)는 시조 단양군 장순익(張順翼)의 15대손으로 봉훈랑(奉訓郎)을 지낸 장철수(張鐵壽)의 장남이며, 명종조에 진사시에 합격하였다.

언기파(彦琦派)의 파조 장언기(張彦琦)는 시조 단양군 장순익(張順翼)의 15대손으로 봉훈랑을 지낸 장철수(張鐵壽)의 2남이며, 임진왜란이 일어나자 청풍(清風) 수촌(水村)으로 이거하였다.

언선파(彦瑄派)의 파조 장언선(張彦瑄)은 시조 단양군 장순익(張順翼)의 15대손으로 봉훈랑 장철수(張鐵壽)의 3남이며, 참봉(参奉)을 지냈다.

기완파(起完派)의 파조 장기완(張起完)은 시조 단양군 장순익(張順翼)의 20대손이며 장이찬(張以纘)의 장남이다.

우두파(友斗派)의 파조 장우두(張友斗)는 시조 단양군 장순익(張順翼)의 20대손으로 증통정대부 공조참의 장만기(張萬紀)의 장남이며, 가선대부 공조참판 겸 오위도총부 부총관에 증직되었다.

우심파(友心派)의 파조 장우심(張友心)은 시조 단양군 장순익(張順翼)의 20대손으로 증통정대부 공조참의 장만기(張萬紀)의 2남이며, 가선대부 공조참판 겸 오위도총부 부총관에 증직되었다.

우명파(友明派)의 파조 장우명(張友明)은 시조 단양군 장순익(張順翼)의 20대손으로 통정대부 용양위 부호군(副護軍) 장만중(張萬重)의 아들이며, 통정대부 용양위 부호군을 지냈다.

진항파(震亢派)의 파조 장진항(張震亢)은 시조 단양군 장순익(張順翼)의 20대손으로 장이경(張以經)의 장남이다.

진성파(震星派)의 파조 장진성(張震星)은 시조 단양군 장순익(張順翼)의 20대손으로 장이경(張以經)의 2남이다.

진욱파(震郁派)의 파조 장진욱(張震郁)은 시조 단양군 장순익(張順翼)의 20대손으로 절충장군(折衝將軍) 용양위 부호군(龍驤衛副護軍) 장이륜(張以綸)의 장남이며, 부호군(副護軍)을 지냈다.

진환파(震煥派)의 파조 장진환(張震煥)은 시조 단양군 장순익(張順翼)의 20대손으로 절충장군 용양위 부호군 장이륜(張以綸)의 2남이며, 가선대부에 올라 동지중추부사(同知中樞府事)를 역임하였다.

진혁파(震赫派)의 파조 장진혁(張震赫)은 시조 단양군 장순익(張順翼)의 20대손으로 절충장군 용양위 부호군 장이륜(張以綸)의 3남이며, 통덕랑(通德郎)에 올랐다.

진량파(震良派)의 파조 장진량(張震良)은 시조 단양군 장순익(張順翼)의 20대손으로 통덕랑 장이위(張以緯)의 장남이다.

진상파(震相派)의 파조 장진상(張震相)은 시조 단양군 장순익(張順翼)의 20대손으로 통덕랑 장이위(張以緯)의 2남이며, 통정대부 첨지중추부사(僉知中樞府事)를 지냈다.

진철파(震哲派)의 파조 장진철(張震哲)은 시조 단양군 장순익(張順翼)의 20대손으로 통덕랑 장이위(張以緯)의 3남이며, 통덕랑(通德郎)에 올랐다.

대만파(大萬派)의 파조 장대만(張大萬)은 시조 단양군 장순익(張順翼)의 20대손으로 통정대부 장몽립(張夢立)의 아들이다.

정헌공파(正憲公派)

파조 장로(張老)는 시조 단양군 장순익(張順翼)의 10대손으로 판도판서 단양군(丹陽君) 장효원(張孝元)의 3남이며, 문과에 급제하고 정헌대부(正憲大夫)에 올랐다. 후손들은 봉남파, 찬덕파, 대윤파로 분파하였다.

봉남파(奉南派)의 파조 장봉남(張奉南)은 시조 단양군 장순익(張順翼)의 15대손으로 성균관 대제학 장몽상(張夢祥)의 장남이며, 문과에 급제하여 정헌대부(正憲大夫)에 올라 공조참의를 역임하였다.

찬덕파(贊德派)의 파조 장찬덕(張贊德)은 시조 단양군 장순익(張順翼)의 20대손으로 증가선대부 장준필(張俊必)의 장남이며, 성균진사로 가선대부에 증직되었다.

대운파(大雲派)의 파조 장대운(張大雲)은 시조 단양군 장순익(張順翼)의 15대손으로 장무득(張務得)의 아들이다.

호부공파(戶部公派)

파조 장무용(張戊用)은 시조 단양군 장순익(張順翼)의 8대손으로 계성군(溪城君) 장사(張榯)의 2남이며, 고려조에서 호부첨지(戶部僉知)를 지냈다. 후손들은 맹우파, 한인파, 운한파로 분파하였다.

맹우파(孟友派)의 파조 장맹우(張孟友)는 시조 단양군 장순익(張順翼)의 10대손으로 광평시랑(廣評侍郎) 장효생(張孝生)의 아들이며, 병부시랑(兵部侍郎)을 역임하였다.

한인파(漢仁派)의 파조 장한인(張漢仁)은 시조 단양군 장순익(張順翼)의 15대손으로 통덕랑 장순(張淳)의 장남이다.

운한파(雲翰派)의 파조 장운한(張雲翰)은 시조 단양군 장순익(張順翼)의 20대손으로 장준흥(張俊興)의 장남이다.

제학공파(提學公派)

파조 장한문(張漢文)은 시조 단양군 장순익(張順翼)의 후손으로 고려조에 문과에 장원 급제하여 국자좨주(國子祭酒) 겸 보문각 직제학(直提學)을 역임하고 단양군(丹陽君)에 봉해졌다. 후손들은 윤화파, 세문파로 분파하였다.

윤화파(允和派)의 파조 장윤화(張允和)는 제학공 장한문(張漢文)의 손자로 가선대부(嘉善大夫) 호조참의 장중란(張仲蘭)의 아들이며, 비순위(備巡衛) 정용낭장(精勇郎將)을 역임하고, 한양 환도 때에 공을 세워 단산군(丹山君)에 봉해졌으며, 태종과는 동갑계원(同甲契員)으로 친분이 매우 두터웠다.

세문파(世文派)의 파조 장세문(張世文)은 제학공 장한문의 8대손으로 장사랑(將士郎)을 지낸 장명한(張明漢)의 장남이며, 현감(縣監)을 지냈다.

단양장씨(丹陽張氏)

세계(世系)와 항렬(行列)

세계표(世系表)

선단양(先丹陽)

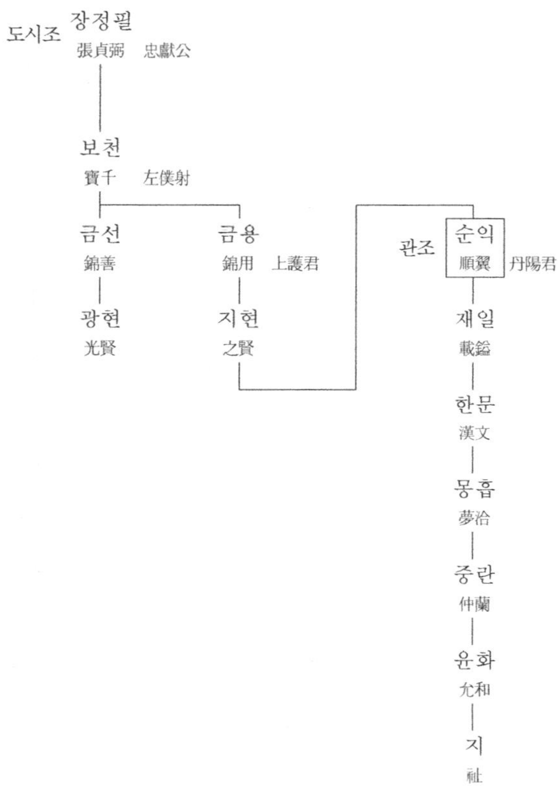

후단양(後丹陽)

- 도시조 장정필 張貞弼 忠獻公
  - 보천 寶千 左僕射
    - 금용 錦用 版圖判書
      - 지현 之賢
        - 효익 孝翼 平章事
          - 만일 萬鎰
            - 을제 乙濟
              - 경 敬
                - 유 儒
                  - 연우 延祐
                    - 원로 元老 尙書
                      - 인 璘
                        - 상겸 尙謙 尙書
                          - 사 榿 結城府院君
                            - 갑 甲 平章事 ⋯ 결성관 結城貫
                            - 관조 갑용 甲用
                              - 효원 孝元
                            - 무용 戊用 尙書公

항렬표(行列表)

선단양(先丹陽)

세	항렬자	세	항렬자	세	항렬자
26	奎(규)	27	鎭(진)	28	永(영)
29	植(식)	30	炳(병)	31	基(기)
32	錫(석)	33	泰(태)	34	榮(영)
35	燮(섭)	36	性(성)	37	錬(동)
38	源(원)	39	根(근)	40	炯(형)
41	坤(곤)	42	鍾(종)	43	洙(수)
44	相(상)	45	熙(희)	46	重(중)

후단양(後丹陽)

세	항렬자	세	항렬자	세	항렬자
37	用(용)·甫(보)	38	鳳(봉)·九(구)	39	南(남)·柄(병)
40	寧(녕)·行(행)	41	成(성)·盛(성)	42	起(기)·熙(희)
43	庠(상)·慶(경)	44	宰(재)·華(화)	45	廷(정)·重(중)
46	揆(규)·昊(호)	47	學(학)	48	東(동)
49	寅(인)	50	卿(경)	51	振(진)
52	範(범)	53	祚(조)	54	洙(수)
55	翼(익)	56	會(회)	57	誠(성)
58	瑗(원)				

역대 주요 인물

〈선단양(先丹陽)〉

장순익(張順翼)

생졸년 미상. 자는 안세(安世), 시호는 충현(忠顯). 단양장씨(丹陽張氏)의 시조. 도시조 태사공(太史公) 장정필(張貞弼)의 4세손, 고려에서 좌정승을 지낸 장지현(張之賢)의 아들.

고려조의 문신으로 금자광록대부(金紫光祿大夫) 문하시중(門下侍中)을 지내고 단양군(丹陽君)에 봉군되었으므로 후손들이 단양을 본관으로 삼고 세계를 이어왔다.

장재일(張載鎰)

고려조에 상장군(上將軍)을 역임하였다.

장한문(張漢文)

생졸년 미상. 초명은 전(悛), 자는 사준(士俊), 호는 청독(淸獨).

고려 고종 45년(1258) 문과에 장원으로 급제하여 충렬왕 2년(1276) 경상도 보주부사(甫州副使)를 지냈다. 그 후 국학좨주(國學祭酒)를 거쳐 보문각의 직제학(直提學)이 되었다가 제학(提學)으로 승급하였다. 단양군(丹陽君)에 봉군되었다.

장몽흡(張夢洽)

초명은 흡(洽), 자는 화수(華守).

문과(文科)에 급제하여 국학박사(國學博士)와 우통례(右通禮)를 역임하였다.

장중란(張仲蘭)

조선조에 문과(文科)에 급제하여 봉상대부(奉常大夫)로 용주부사(龍州府使)를 지내고 가선대부(嘉善大夫)에 올라 황해도 감사(黃海道監事)와 호조 참의(戶曹參議)를 역임하였다.

장윤화(張允和)

생졸년 미상. 초명 윤서(允瑞), 자는 시집(時執), 호는 연파(煙坡), 시호는 충익(忠翼). 호조참의 장중란(張仲蘭)의 아들.

조선조에서 비순위(備巡衛) 정용낭장(精勇郎將)을 역임하고 한양 환도(還都)에 공을 세워 단산군(丹山君)에 봉군되었다. 태종과 동갑계원(同甲契員)으로 친분이 두터웠다.

장　지(張　祉)

생졸년 미상. 자는 수만(綏萬), 호는 긍암(兢庵).

조선 초기에 강원감사를 지냈다. 세조가 어린 조카인 단종을 내어쫓고 왕위에 오르자 절의(節義)를 지켜 관직을 버리고 은거하였다.

장덕강(張德康)

자는 치일(致一).

조선조에 제주목사(濟州牧使)를 지냈다.

장용관(張用寬)

자는 대여(大汝).
조선조에서 문과(文科)에 급제하여 한림(翰林)를 역임하였다.

장명한(張明漢)

조선조에 장사랑(將仕郞)에 올랐다.

장명량(張明良)

조선조에 장사랑(將仕郞)에 올랐다.

장세문(張世文)

조선조에 현감(縣監)을 역임하였다.

장 근(張 謹)

생졸년 미상. 자는 이신(而信), 호는 잠재(潛齋). 장윤화(張允和)의 5세손. 퇴계(退溪) 이황(李滉)의 문인.

유학자로 명성이 높은 매헌(梅軒) 금보(琴輔), 간재(艮齋) 이덕홍(李德弘), 물암(勿庵) 김융(金隆) 등과 도의로써 교유하였다. 그의 사적은 퇴계의 문인들을 기록한 『문제현록(門諸賢錄)』에 실려 있다. 퇴계 선생이 돌아가시자 스승의 시묘 살이를 3년간 하였고 심경(心經), 근사록(近思錄), 가어(家語) 등을 주로 읽었다.

장 진(張 湣)

자는 여징(汝澄), 호는 녹야당(鹿野堂). 기자전 참봉(箕子殿參奉) 장내임(張鼐任)의 아들.

어려서부터 총명하고 글 읽기를 매우 좋아하여, 약관에 처가인 안동 강정(江亭) 고을에서 밤낮으로 탐구하며 열심히 글을 읽었다고 하는데, 훗날 사람들이 그가 공부하던 처가의 방을 가리켜 '장모라는 이가 글을 읽었던 방'이라고 불렀다고 한다.

선조 15년(1582) 진사시에 합격하여 성균관에 유학하게 되었는데, 얼마 안 가서 임진왜란이 일어나자 출세의 뜻을 버리고 낙향하여 산수간에 숨어 남은 생을 유유자적하며 보냈다. 낙향한 후 외가가 있는 영천에 옮겨와 고을 서쪽 배탄(杯呑)에 자리를 잡고 살면서 서재를 지어 녹야당(鹿野堂)이라 이름을 지으니, 그 이후부터 마을 이름이 녹동(鹿洞)으로 불리게 되었다.

장규정(張奎井)

자는 문서(文瑞), 호는 학암(鶴岩).
조선조에 성균관(成均館) 진사(進士)를 지냈다.

장석인(張錫寅)

자는 형중(亨中), 호는 만락헌(晩樂軒).
조선조에 중추원(中樞院) 의관(議官)을 역임하였다.

녹야당(鹿野堂).
장진의 정자.

장위규(張緯奎)
조선조에 장사랑(將仕郎)에 올랐다.

〈후단양(後丹陽)〉

장효원(張孝元)
자는 응로(應老).
고려조에 판도판서(版圖判書)를 역임하였다.

장 춘(張 春)
자는 현경(顯卿).
고려(高麗)에서 영동정(嶺同正)을 역임하였다.

장 하(張 夏)
자는 세경(世卿), 호는 청령(淸令), 시호는 충현(忠顯).
고려조에 영동정(嶺同正)을 역임하였다.

장 구(張 耇)
자는 춘여(春汝).
고려조에 사헌부사(司憲府事)를 역임하였다.

장 로(張 老)
자는 현로(顯老).
고려조에 정헌대부(正憲大夫)에 올랐다.

장이검(張以儉)

고려조에 병부상서(兵部尙書)를 역임하였다.

장덕량(張德良)

생졸년 미상. 호는 임정(林亭).

고려말 조선 초기의 문신으로 공민왕조에 문과에 급제하였는데, 장차 세상이 어지러울 것을 알아 송양(松陽) 자하동(紫霞洞)에 은거하였다.

조선 개국 후 태조가 그 학문을 높이 평가하여 세 번을 불렀으나 모두 거절하고 나아가지 않았으나 부모의 뜻에 의하여 조정에 나아갔다. 성균관 좨주(祭酒)를 시작으로 성균관 대사성을 거쳐 검교 한성부윤(檢校漢城府尹)과 보문각 제학(寶文閣提學)을 역임했다.

성리학 연구에 힘썼고 특히 주역(周易)을 깊이 연구하였는데, 당시 역학을 배우던 태종의 명을 받들어 날마다 입궐하여 태종의 자문에 응하였다.

장덕랑(張德郞)

자는 민(愍), 호는 임정(林亭).

조선조에 한성부윤(漢城府尹)을 역임하였다.

장　아(張　莪)

조선조에 이조정랑(吏曹正郞)을 역임하였다.

장계증(張繼曾)

생졸년 미상. 한림(翰林) 장아(張莪)의 아들.

세종조에 문과에 급제하여 병조정랑을 지냈으며, 봉정대부 행 종부시 소윤(奉正大夫行宗簿寺少尹)으로 문종실록 편수관으로 실록 편찬에 참여하였다. 세조조에 이시애가 함경도 사람들을 선동하여 난을 일으키자 이를 평정한 공로로 정충출기포의적개공신(精忠出氣布義敵愾功臣)에 녹훈되었다. 뒤에 예조판서를 지냈다.

장　적(張　籍)

생졸년 미상.
연산군 10년(1504)에 진사(進士)에 합격했다.

장　온(張　溫)

세조 1년(1455)~중종 28년(1533). 자는 군현(君賢), 시호는 민양(敏襄).

성종 1년(1470) 무과에 급제하여 주부(主簿), 오위도총부 도사 겸 내금위장(五衛都摠府都事兼內禁衛將)을 지냈다. 중종반정에 공을 세워 중종 1년(1501) 병충분의결책익운정공신(秉忠奮義決策翊運靖國功臣)에 책록되고 단양군(丹陽君)에 봉군되었으며 호조판서에 올랐다. 좌찬성에 추증되었다.

단양군(丹陽君) 장온(張溫)의 신도비.

장형운(張亨運)

자는 경우(慶遇).
조선조에 주서(注書)를 지냈다.

장윤현(張胤賢)

생졸년 미상. 자는 여량(汝亮).

선조조에 무과에 급제하여 여러 벼슬을 거쳐 수문장(守門將)으로 재직하던 중 임진왜란이 발발하자 창의하여 왜적에 맞서 싸웠다. 선조 26년(1593) 제2차 진주성 전투에서 순절하여 호조좌랑에 증직되고 진주성 창렬사(彰烈祠)에 배향되었다.

장자충(張子忠)

자는 이효(而孝).

조선조에 대도호부사(大都護府使)를 역임하였다.

장우량(張友良)

조선조에 병마절도사(兵馬節度使)를 역임하였다.

장충범(張忠範)

?~선조 30년(1597). 자는 효칙(孝則). 호부좌시랑(戶部佐侍郎)과

창렬사(彰烈祠). 1593년 임진왜란 진주성 싸움에서 전사한
충무공 김시민 장군을
주벽으로 장윤현(張胤賢) 이하 39위의 신위를 모신 사당.

홍문관 제학을 지낸 장강(張綱)의 증손.

어려서부터 문무(文武)의 재질이 있었다. 임진왜란을 만나 선조가 파천할 때 그는 음보로 군자감 주부를 맡고 있었는데, 채유종(蔡有終), 조웅(趙熊) 등과 함께 창의하여 5백 명의 의병을 모아서 6년을 의병을 이끌고 왜적과 전투를 벌였다. 선조 30년(1597) 충주에서 창의하여 왜적의 본진을 무너뜨렸다. 그가 승세를 타고 적진 깊숙이 들어가니 복병이 에워싸고 공격하자 늠름하게 상처를 왼손으로 부여잡고 육박전을 벌여 적진에서 뚫고 나왔으나 힘이 다하여 전사하고 말았다.

그의 높은 충절을 기려 철종 8년(1857) 나라에서 교서를 내려 이르기를, "의병을 일으켜 순절하였으니 그 충성은 일성(日星)을 꿰뚫었도다." 하고 정려를 내리고 통정대부 승정원 좌승지 겸 경연 참찬관(通政大夫承政院左承旨兼經筵參贊官)에 추증하였다. 철종 9년(1858)에는 다시 가선대부 이조참판(嘉善大夫吏曹參判)과 동지의금부사 오위도총부 부총관(同知義禁府事五衛都摠府副摠官)에 추증하였다.

장봉남(張奉男)

자는 공사(孔嗣).

장충범(張忠範) 장군의 묘소.

조선조에 병조참의(兵曹參議)를 역임하였다.

장 옥(張 鈺)

중종 37년(1542)~선조 30년(1597). 자는 경옥(敬鈺).

문과에 급제하여 영덕 현령, 제주 목사, 충청 감사를 지냈다. 임진왜란이 일어나자 창의하여 충주(忠州)에서 왜적을 무찌르다 전사하였다.

장 윤(張 潤)

자는 택중(澤中).

조선조에 군수(郡守)를 역임하였다.

장 인(張 認)

자는 겸중(謙中), 호는 은곡(隱谷).

조선조에 유수(留守)를 역임하였다.

장충한(張忠漢)

자는 도명(道明).

조선조에 군수(郡守)를 지냈다.

장철현(張鐵鉉)

자는 맹상(孟常).

조선조에 사헌부 감찰(司憲府監察)을 역임하였다.

장덕의(張德義)

조선조에 이조참의(吏曹參議)를 역임하였다.

장자인(張自仁)
조선조에 이조참판(吏曹參判)를 역임하였다.

장귀손(張貴孫)
조선조에 부윤(府尹)을 지냈다.

장자허(張自虛)
자는 은석(銀碩).
조선조에 교위(校尉)에 이르렀다.

장 익(張 翼)
자는 치원(致遠).
조선조에 현감(縣監)을 역임하였다.

장대립(張大立)
자는 대보(大甫).
조선조에 부호군(副護軍)을 지냈다.

장세창(張世昌)
자는 구당(鳩堂), 호는 제중(濟仲).
조선조에 병마절제사(兵馬節制使)를 역임하였다.

장 강(張 綱)
예종 1년(1469)~?. 호는 서헌(西軒). 한성 판윤 장세창(張世昌)의 아들.

예종조에 식년시 문과에 급제하여 한림학사, 홍문관 교리, 호조참판, 예문관 대제학 겸 경연춘추관(藝文館大提學兼經筵春秋館) 등을 지냈다.

장유선(張維善)

조선조에 부제학(副提學)을 역임하였다.

장언균(張彦均)

자는 균평(君平).
조선조에 직제학(直提學)을 역임하였다.

장몽상(張夢祥)

자는 추경(推卿).
조선조에 부제학(副提學)을 지냈다.

장 이(張 弛)

조선조에 감사(監司)를 지냈다.

장석규(張錫奎)

자는 여로(汝老).
조선조에 공조참판(工曹參判)을 역임하였다.

목천장씨

木川張氏

연원(淵源)과 씨족사(氏族史)

목천장씨(木川張氏)의 시조 장빈(張彬)은 도시조 태사 충헌공(忠獻公) 장정필(張貞弼)의 후손으로, 그의 아버지는 태사공의 12세손인 장상겸(張尙謙)으로 고려 고종조에 중랑장과 병부상서를 역임하고 칠봉군(七封君)을 두었는데, 그 중 장빈이 목천군(木川君)에 봉해졌다. 그 후 세대가 실전되어 장지(張池)를 1세조로 하고 목천(木川)을 관향으로 해서 가문을 이어오고 있다. 장지(張池)는 조선조에 문과에 장원 급제하여 현감(縣監)과 공조 참의 등을 역임하면서 목천장문의 중흥을 꾀하였으며, 아들 장승로(張承老)는 무과에 급제하여 중랑장(中郎將)을 역임했으며, 증손 장자강(張自綱)은 연산군조에 순천교수(順天敎授)를 역임하였다. 장자강이 진주(晋州)에서 순천(順天)으로 이거하면서 목천장씨는 오늘날에도 순천을 중심으로 하여 전남 일대에 많이 세거하게 되었다.

장자강(張自綱)의 둘째 아들 송탄(松灘) 장응두(張應斗)는 중종조에 정암(靜庵) 조광조(趙光祖)와 함께 도의계(道義契)를 만들만큼

목천장씨 시조 목천군(木川君) 장빈(張彬) 이하 제단 전경.

친분이 두터웠으며, 장응두(張應斗)의 아들 장열(張洌)은 문과에 올라 한림을 거쳐 임진왜란에 용양위 선략장군(龍驤衛宣略將軍)으로 선조를 호성하여 호성삼등공신(扈聖三等功臣)에 책록되고 한성 판윤(漢城判尹)에 올랐으며 목성군(木城君)에 봉군되었다. 또한 장자강의 셋째 아들 장응익(張應翼)은 명종조에 선전관(宣傳官)이 되어 옥포 만호(玉浦萬戶)를 역임하였으며, 아들 충의공(忠毅公) 장윤(張潤)은 선조조에 무과에 급제하여 사천 현감(泗川縣監)을 지내던 당시 임진왜란이 일어나자 좌의병부장(左義兵副將)으로 개령(開寧), 무주(茂朱), 성산(星山) 등 여러 곳에서 크게 공을 세우다 진주성에서 병마절도사(兵馬節度使) 황진(黃進)과 함께 싸우다 순국하였다.

장윤(張潤)의 장남 장홍도(張洪道)는 선조조에 사마시에 합격하여 전옥서 참봉을 거쳐 첨지중추부사(僉知中樞府事)에 오르고, 차남 장홍적(張洪迪)도 첨지중추부사(僉知中樞府事)에 올랐으며, 장홍적(張洪迪)의 아들 장수명(張受明)은 인조조에 무과에 올라 선전관(宣傳官)을 거쳐 훈련원 판관과 대구 판관(大邱判官)을 역임하였고, 심기원(沈器遠)의 모반을 토벌한 공으로 영국원종공신(寧國原從功臣)에 녹훈되어 병조참판에 올랐다.

창계서원(創溪書院) 상현재(尙賢齋). 황희를 주벽으로 하여 송탄(松灘)장용두(張應斗) 등을 배향한 서원.

목천장씨(木川張氏)

장성한(張成漢)은 숙종조에 경주영장(慶州營將), 죽산도호부사(竹山都護府使)를 지냈는데, 청백리(淸白吏)로 이름이 높았으며, 기로소(耆老所)에 들어갔다. 이 밖에 월봉(月奉) 장이필(張以弼)은 숙종조에 무과에 올라 용양위 부호군(龍驤衛副護軍)을 거쳐 첨지중추부사(僉知中樞府事)를 지냈으며, 수직(壽職)으로 정헌대부(正憲大夫)에 올라 이조판서에 증직되었다.

관향 목천(木川)의 연혁

목천(木川)은 충청남도 천안시(天安市) 목천면 일대의 옛 지명으로 백제의 대목악군(大木岳郡)이었다. 신라 경덕왕 16년(757)에 대록군(大麓郡)으로 고쳐 금지현(金池縣 : 全義)과 순치현(馴雉縣 : 豊歲)을 관할하였다. 고려 태조 23년(940)에 목주(木州)로 개칭했으

사휴정(四休亭). 장윤의 네 아들 장홍도(張弘道), 장홍적(張弘迪), 장홍경(張弘慶), 장홍민(張弘敏)이 우애를 돈독히 하고 부친을 기리기 위하여 세운 정자.

며, 현종 9년(1018)에 청주의 속현이 되었다. 명종 2년(1172)에 감무를 둠으로써 독립하여 연기현(燕岐縣) 감무를 겸하였다.

조선 태종 때에 연기현이 분리 독립하였고, 태종 13년(1413)에 목천현이 되어 조선시대 동안 유지되었다. 고종 32년(1895) 지방제도 개정으로 군이 되었으나 1914년 군면 폐합으로 목천군은 폐지되고 목천면으로 축소되어 천안군에 편입되었다. 1920년 천안군 영성면을 천안면으로, 목천군의 일부였던 갈전면은 1942년에 이곳을 흐르는 병천(竝川)의 이름을 따서 병천면으로 개칭되었다. 1931년 천안면이 읍으로 승격하였다가 1963년에 환성면 일대를 병합하여 천안시로 승격하였고, 1995년에는 천안군과 통합되었다.

세종실록지리지(世宗實錄地理志) : 목천현(木川縣)

본래 백제의 대목악군(大木岳郡)인데, 신라에서 대록군(大麓郡)으로 고쳤고, 고려에서 목주(木州)로 고쳐 청주(淸州)의 임내로 삼았다가, 명종(明宗) 2년 임진에 비로소 감무(監務)를 두었던 것을, 본조(本朝)에서도 그대로 따랐다. 태종(太宗) 13년 계사에 예(例)에 의하여 현감(縣監)으로 고쳤다. 별호(別號)는 신정(新定)이다.

사방 경계는 동쪽으로 청주에 이르기 34리, 서쪽으로 천안(天安)에 이르기 12리, 남쪽으로 전의(全義)에 이르기 18리, 북쪽으로 직산(稷山)에 이르기 22리이다.

호수는 4백 4호, 인구가 2천 1백 86명이다. 군정(軍丁)은 시위군이 8명이요, 진군(鎭軍)이 3명, 선군(船軍)이 1백 91명이다.

토성(土姓)이 6이니, 우(牛), 마(馬), 상(象), 돈(豚), 장(場), 신(申)이요, 망성(亡姓)이 2이니, 심(沈), 왕(王)이다.

땅이 메마르다. 간전(墾田)이 3천 17결(結)이요, 토의(土宜)는 오곡과 조, 팥, 메밀, 대추이다. 토공(土貢)은 배, 지초, 여우가죽,

삵괭이가죽, 종이요, 약재(藥材)는 나팔꽃[牽牛子], 현삼(玄蔘), 북나무진[安息香]이다. 자기소(磁器所)가 1이니, 현의 북쪽 오산(烏山)에 있다. 도기소(陶器所)가 2이니, 하나는 현의 북쪽 널으니[板陰]에 있고, 하나는 현의 동쪽 개목[犬項]에 있다.

흑산 석성(黑山石城)은 현의 서쪽에 있는데, 지세가 험하다. 역(驛)이 1이니, 연춘(延春)이다.

분파(分派)와 파조(派祖)

목천장씨는 크게 목원군파(木原君派), 주부공파(主簿公派), 충의공파(忠毅公派)로 분파하였다.

목원군파(木原君派)

파조 장응두(張應斗)는 시조 목천군 장빈(張彬)의 9대손으로 증호조 참판 장자강(張自綱)의 2남이며, 중종조에 대사헌, 이조판서 등을 역임하였다. 그는 정암(靜庵) 조광조(趙光祖) 선생 문하에서 학문을 연마하며 도의계(道義契)를 조직하여 활동하였다. 그의 아들 장열(張洌)이 호성공신(扈聖功臣) 2등에 녹훈되어 그도 판돈녕부사(判敦寧府事)에 증직되고 목원군(木原君)으로 봉군되었다.

주부공파(主簿公派)

파조 장위(張渭)는 시조 목천군 장빈(張彬)의 10대손으로 선전관 장응익(張應翼)의 장남이며, 주부(主簿)를 지냈다.

충의공파(忠毅公派)

파조 장윤(張潤)은 시조 목천군 장빈(張彬)의 10대손으로 선전관 장응익(張應翼)의 2남이며, 선조조에 무과에 급제하여 사천현감(泗川縣監)을 지내고 훈련원 정(訓練院正)에 증직되었다. 임진왜란이 일어나자 의병을 일으켜 300여 명의 정병을 이끌고 함양, 개령, 성주 등지에서 왜적을 격파했으며, 진주성에 들어가 창의사(倡義使) 김천일(金千鎰), 충청병사(忠清兵使) 황진(黃進), 경상우병사(慶尚右兵使) 최경회(崔慶會) 등과 연합하여 진주성 전투에 참전하였다. 의병장인 충청병사 황진(黃進)이 왜적의 흉탄에 맞아 전사하자 황진을 대신하여 의병장이 되어 싸우다가 흉탄을 맞고 순절하였다. 그 충절을 기려 숭정대부 의정부 좌찬성 겸 판의금부사를 추증하고 시호를 충의(忠毅)로 내렸다. 후손들은 참판공파, 곽산공파, 첨추공파, 참의공파, 죽산공파, 진주공파, 통덕랑공파, 선전공파로 분파하여 번성하였다.

참판공파(參判公派)의 파조 장수명(張受明)은 시조 목천군 장빈(張彬)의 12대손으로 증가선대부 장홍적(張洪迪)의 장남이며, 선전관, 대구판관(大邱判官), 대구진 병마첨절제사(大邱鎭兵馬僉節制使)를 역임하였다. 심기원(沈器遠)의 모반을 평정한 공으로 영국원종공신(寧國原從功臣) 1등에 녹훈되고 가선대부 병조참판 겸 지의금부사(知義禁府事) 오위도총부 부총관(副摠管)에 증직되었다.

곽산공파(郭山公派)의 파조 장상한(張相漢)은 시조 목천군 장빈(張彬)의 13대손으로 통덕랑(通德郎) 장원명(張元命)의 장남이며, 절충장군(折衝將軍)을 거쳐 위도진 수군첨절제사(蝟島鎭水軍僉節制使)를 지내고 통정대부에 올랐다. 이후 고원군수(高原郡守), 함흥진관 병마동첨절제사(咸興鎭管兵馬同僉節制使), 곽산군수(郭山郡守), 구성진관 병마동첨절제사(龜城鎭管兵馬同僉節制使) 등을 역임하였다.

첨추공파(僉樞公派)의 파조 장홍경(張弘慶)은 시조 목천군 장빈(張彬)의 11대손으로 충의공(忠毅公) 장윤(張潤)의 3남이며, 통정대부에 올라 첨지중추부사(僉知中樞府事)를 역임하였다.

참의공파(參議公派)의 파조 장구삼(張九三)은 시조 목천군(木川君) 장빈(張彬)의 12대손으로 첨지중추부사 장홍민(張弘敏)의 장남이며, 선전관을 거쳐 옥포만호(玉浦萬戶)를 역임하고, 가의대부(嘉義大夫) 형조참의에 증직되었다.

죽산공파(竹山公派)의 파조 장성한(張成漢)은 시조 목천군 장빈(張彬)의 13대손으로 통선랑(通善郎) 장구주(張九疇)의 장남이며, 무과에 올라 경주영장(慶州營將), 전주판관(全州判官), 이천부사(伊川府使) 등을 거쳐 죽산 도호부사(竹山都護府使)를 지냈다.

진주공파(晋州公派)의 파조 장용한(張用漢)은 시조 목천군 장빈(張彬)의 13대손으로 통선랑(通善郎) 장구주(張九疇)의 2남이며, 진사시에 합격하여 절충장군(折衝將軍) 용양위 부호군(龍驤衛副護軍)을 지냈다. 임진왜란 에 순국한 충신 충의공(忠毅公) 장윤(張潤)의 후손이라 하여 특별히 진주영장(晋州營將) 겸 훈련원 판사(判事)를 제수하였는데, 진주(晋州) 백성들이 송덕비를 세워 공의 치적을 기렸다.

통덕랑공파(通德郎公派)의 파조 장요한(張耀漢)은 시조 목천군 장빈(張彬)의 13대손으로 통선랑(通善郎) 장구주(張九疇)의 3남이며, 통덕랑(通德郎)에 올랐다.

선전공파(宣傳公派)의 파조 장구석(張九碩)은 시조 목천군 장빈(張彬)의 12대손으로 첨지중추부사 장홍민(張弘敏)의 3남이며, 선전관을 거쳐 병절교위(秉節校尉) 용양위부사과(龍驤衛副司果)를 지냈다.

세계(世系)와 항렬(行列)

세계도(世系圖)

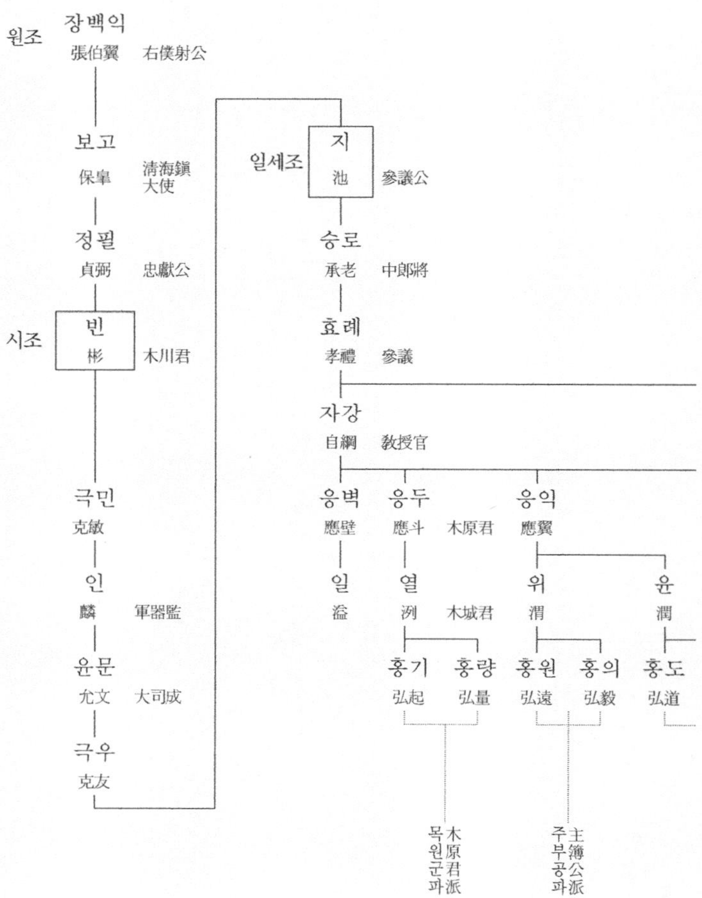

목천장씨(木川張氏)

세강 世綱 正郎

지강 之綱

응극 應極

홍적 弘迪

홍경 弘慶

홍민 弘敏

충의공파 忠毅公派

항렬표(行列表)

세	항 렬 자	세	항 렬 자
10	應(응)	11	洌(열)・渭(위)・潤(윤)
12	弘(홍)	13	九(구)・命(명)
14	漢(한)	15	以(이)・世(세)
16	毅(의)・雲(운)・處(처)	17	祖(조)・志(지)
18	水(수)	19	權(권)
20	烈(열)	21	基(기)・圭(규)
22	鎬(호)・鍾(종)・鉉(현)	23	永(영)・泳(영)・洹(원)
24	柱(주)・植(식)・模(모)・根(근)	25	炳(병)・炯(형)

역대 주요 인물

장 빈(張 彬)

생졸년 미상. 자는 보문(甫文). 목천장씨(木川張氏)의 시조.

고려조의 문신으로 여러 관직을 거쳐 나라에 공을 세웠으므로 목천군(木川君)에 봉군되었다. 그 후 세계(世系)가 실전되었으므로 문과에 장원으로 급제하여 남평현감과 공조참의를 지낸 장지(張池)를 1세조로 하여 세계를 이어왔다.

장극민(張克敏)

고려조에 상의국(尙儀局) 봉어사(奉御使)에 올랐다.

장 린(張 麟)

고려조에 태자첨사(太子詹事)를 지냈다.

장윤문(張允文)

인종 17년(1139)~희종 7년(1211). 검교첨사 장선민(張先敏)의 손자이며, 검교군기감 장인(張麟)의 아들.

일찍 문과에 급제하여 동도서기(東都書記)에 제수되고 명종 16년(1186) 탐라에 반란이 일어나자 식목녹사(式目綠事)로서 태부주부탐라현령(太府注簿行耽羅縣令)으로 제수되어 탐라의 반란을 진압하였으며, 탐라의 백성들을 공평하게 대하고 목민관으로서 잘 다스렸다. 그가 떠난 후 탐라 백성들이 그를 그리는 노래를 만들어 불렀다 한다. 이어 제릉서승 겸 도병마녹사(諸陵署丞兼都兵馬綠事),

중서주서(中書注書), 권지합문지후(權知閤門祗侯)로서 감찰어사가 되고, 원외랑으로 충청도 점군사(點軍使)가 되고, 기거사인으로 경상주도 안렴사(慶尙州道按廉使), 우사낭중(右司郎中)을 지냈다.

신종 5년(1202) 탐라에 다시 반란이 일어나자 소부소감(小府少監)으로 탐라 안무사(按撫使)가 되어 반란군의 괴수 번석(煩石), 번수(煩守)를 주살했다.

장극우(張克友)

고려조에 합문지후(閤門祗侯)에 올랐다.

장　지(張　池)

생졸년 미상. 자는 원유(元有). 목천장씨 시조 목천군(木川君) 장빈(張彬)의 후손.

세계(世系)가 실전되어 그를 1세조로 하여 세계를 이어왔다. 그는 문과에 급제하여 남평 현감, 공조참의를 지냈다.

장승로(張承老)

자는 극성(極星).

중랑장(中郎將)을 지냈다.

장효례(張孝禮)

자는 경장(敬章).

함양(咸陽) 교수를 역임하였다. 묘를 실전하여 장빈(彬) 이하 8위 제단을 자강조 묘역에 설단하였다.

목천장씨(木川張氏)

장자강(張自綱)

세조 7년(1461)~중종 21년(1526). 자는 가거(可擧).

관직은 순천교수(順天教授) 증이조판서(贈吏曹判書)이다. 김종직의 학풍을 전수받아 진솔회를 만들어 환훤당 김굉필, 매계 조위와 교유하였다. 후진양성과 미풍선양에 진력하였다.

장응익(張應翼)

중종 18년(1523)~선조 18년(1585). 자는 언추(彦樞).

무과에 급제하여 옥포 만호, 어모장군(御侮將軍), 해서후 선전관 등을 역임하였다. 아들 장윤(張潤)의 성훈으로 자헌대부 이조판서(資憲大夫吏曹判書)에 증직되었다.

장홍기(張弘起)

자는 정관(正寬). 무주현감을 지냈다.

장홍원(張弘遠)

자는 근숙(根淑).

보광재(寶光齋). 장자강(張自綱)과 아들 장응익(張應翼), 손자 장위(張渭)의 재실.

병절교위(兵節校尉), 주부(主簿)를 역임하였다.

장홍도(張弘道)

호는 휴은(休隱).
장사랑(將仕郎) 참봉(參奉)을 지냈다.

장홍적(張弘迪)

호는 정은(亭隱).
참판(參判), 지의금부사(知義禁府事)를 지냈다.

장홍경(張弘慶)

자는 중직(仲直).
지의금부사(知義禁府事), 첨추(僉樞)를 역임하였다.

장홍민(張弘敏)

자는 중달(仲達).
첨지중추부사(僉知中樞府事), 참의(參議)를 역임하였다.

장응두(張應斗)

생졸년 미상. 자는 언중(彦仲), 호는 송탄(松灘). 순천교수(順天教授) 장자강(張自綱)의 아들.

부친이 순천교수로 부임하면서 고향인 진주에서 순천으로 이거하여 순천 입향조가 되었다. 어려서부터 총명함이 남달랐고 효성이 지극하였다. 중종조에 사마시에 합격한 후 정암(靜庵) 조광조(趙光祖) 문하에서 수학하여 정암 선생의 문인이 되었다. 정암을 추종하는 선비들과 함께 도의계(道義契)를 만들어 활동하였으며, 그 명성이 당세를 풍미하였다.

정암이 선비들과 함께 도학정치(道學政治)를 펼치자 위협을 느낀 훈구파의 남곤, 심정, 홍경주 등이 반역을 꾀한다고 모함하여 정암 등 신진 사류(士類)들을 죽이고 귀향 보내는 기묘사화를 일으켰다. 그는 이 때 장수(長水)에 은거하여 후학들을 교화하고 만년에 향리로 돌아갔으며, 기묘명현 중의 한 사람이다.

차남 장열(張洌)이 갈충진성위성공신(竭忠盡誠衛聖功臣)에 녹훈되자 판돈녕부사(判敦寧府事)에 추증되고, 목원군(木原君)에 추존되었다. 숙종조에 장수의 창계서원(滄溪書院)에 배향되었다.

장 열(張 洌)

명종 6년(1551)～광해군 6년(1614). 자는 인보(仁甫). 송탄(松灘) 장응두(張應斗)의 아들.

10세의 나이에 시서(詩書)에 능통하고 학문에 힘쓰니 사람들이 우러러 보았다. 선조조에 문과에 급제하여 한림(翰林)을 거쳐 이조참판에 이르렀으며, 왕이 그의 강직한 충간(忠諫)을 사랑하여 세자사부(師傅)를 제수하였다.

정충사(旌忠祠).
장윤의 사당.

임진왜란이 일어나자 용양위 선략장군(宣略將軍)으로 있던 그는 선조가 의주로 몽진할 때 어가(御駕)를 호성(扈聖)하며 종묘(宗廟)의 신주(神主)를 가지고 따랐다. 왜적의 추격이 임박하자 왕에게 이를 고하고 신주를 땅에 묻어서 보존하였다. 이 공으로 충근정량갈성효절협책호성공신(忠勤貞亮竭誠效節協策扈聖功臣)에 녹훈되고 자헌대부 한성판윤(漢城判尹)을 제수 받고 목성군(木城君)에 봉군되었다.

만년에 이르러 벼슬을 사양하고 낙향하여 후진을 가르치다 생을 마치니 조정에서 관리를 보내 치장(治葬)하였다.

장 윤(張 潤)

명종 7년(1552)~선조 26년(1593). 자는 명보(明甫), 호는 학봉(鶴峰), 시호는 충의(忠毅). 선전관 장응익(張應翼)의 아들.

어린 시절부터 용모와 기품이 강직하고 담용(膽勇)이 뛰어났으며, 또한 효성이 지극하였다. 학문에 뜻을 두어 경사자집(經史子集)에 통달하였는데, 여러 번 문과에 응시하였으나 실패하자 활쏘기와 말타기에 전념하여 무과에 급제하였다. 발포만호(鉢浦萬戶)에 제수되었으나 아버지의 병환이 위급하여 잠시 고향으로 돌아와 아버지의

창계서원(創溪書院) 경앙문(景仰門). 송탄 장응두(張應斗)를 배향.

병간호를 하다가 선조 21년(1588) 다시 선전관에 제수되어 훈련원정(訓練院正)을 거쳐 사천현감(泗川縣監)을 지냈다.

임진왜란이 발발하자 향리에서 의병을 창기(倡起)하여 순천 부중(府中)으로 들어가 성을 파수하였으며, 전라좌의병장(全羅左義兵將) 임계영(任啓英) 휘하에 들어가 부장(副將)으로 모든 업무를 맡아 처리하였다. 그는 의병장 임계영과 함께 구례를 거쳐 우의병장(右義兵將) 최경회(崔慶會)와 남원에서 합류하여 장수현에 주둔하여 금산, 무주의 왜적을 저지하였다. 이때 금산, 무주의 왜적은 험준한 지형을 이용하여 관군과 다른 의병들을 연패시키고 세력을 크게 떨치고 있었는데, 그가 선봉에 서서 왜적과 접전하여 무수한 왜적을 목 베고 승전하였다. 왜적이 마침내 도주하니 이로써 왜적의 수중에 있던 금산과 무주의 두 읍을 회복하였다.

그 뒤 경상우감사(慶尙右監司) 김성일(金誠一)이 전갈을 보내 진주성이 지금 함락 직전에 있고 단성(丹城), 삼가(三嘉), 산음(山陰), 함양, 안음(安陰), 거창, 합천 등의 고을도 위태롭다고 하였다. 이에 영남으로 이동하여 성산(星山), 개령(開寧) 전투에서 많은 적을

사휴정(四休亭). 장윤(張潤)의 네 아들 장홍도(張弘道), 장홍적(張弘迪), 장홍경(張弘慶)이 우애를 돈독히 하고 부친을 기리기 위하여 세운 정자.

참획하고 접전 때는 반드시 선봉에 서서 용맹을 떨치니 이곳의 왜적도 퇴각하였다.

그러나 진주성을 지키는 장수들이 왜구들의 강성함에 모두 성을 비우고 피하려 하자 비분강개하여 군졸 2백 명을 이끌고 창의사(倡義使) 김천일(金千鎰), 충청병사(忠清兵使) 황진(黃進), 경상우병사(慶尙右兵使) 최경회(崔慶會) 등과 함께 진주성 혈전(血戰)의 주장이 되어 선봉에 서서 용전하였다. 대장 황진(黃進)이 적탄에 맞아 전사하자 뒤를 이어 대장이 되어 적과 싸우다가 적탄에 맞아 전사하고 진주성도 함락되고 말았다.

선조가 가선대부 병조참판을 증직하고, 세자에게 명하여 예관(禮官)을 보내 치제(致祭)하게 하였으며, 그의 장남 장홍도(張弘道)를 참봉으로 녹용하였고 진주 창렬사(彰烈祠)에 배향하였다. 인조조에 정려(旌閭)를 특명하였다. 숙종조에 순천의 인제산(麟蹄山) 아래에 사우(祠宇)를 건립하여 정충사(旌忠祠)라 명하여 사액(賜額)하고 예조좌랑을 보내 액(額)을 선(宣)하여 치제하고 자헌대부 병조판서를 추증하였다. 영조조에 시호를 충의(忠毅)라 내리고 이조정랑을 보내어 치제하였다. 정조조에 부조묘(不祧廟)를 명하였고 철종조에 숭정대부 의정부 좌찬성 겸 판의금부사 오위도총부 도총관을 증직하였다. 전남 승주에 정충각(旌忠閣), 충의공묘우(忠毅公廟宇), 충신충의공지려(忠臣忠毅公之閭), 신도비가 세워져 있다.

장수명(張受命)

광해군 3년(1611)~효종 10년(1659). 자는 자순(子順). 충의공(忠毅公) 장윤(張潤)의 손자, 증호조참판 장홍적(張弘迪)의 아들.

인조 8년(1630)에 무과에 급제하여 선전관, 훈련원 판관, 대구판관(大邱判官)을 역임하였으며, 인조 22년(1644)에 심기원(沈器遠)의 모반을 토벌한 공으로 영국원종공신(寧國原從功臣) 1등에 녹훈되었다. 숙종 6년(1680) 가선대부 병조참판 겸 지의금부사 오위도총부 부총관에 추증되었다.

장성한(張成漢)

인조 22년(1644)~경종 1년(1721). 자는 성여(聖與).

숙종 2년(1676)에 아우 장용한(張用漢)과 함께 무과에 급제하여 산적을 토벌하여 영호남 일대의 민심을 안정시켰다. 나라에서 공적을 인정하여 고령진절제사(高嶺鎭節制使)에 임명하고 함께 공을 세운 아우에게도 절충장군 부호군을 내렸다. 그 후 경주영장(慶州營將), 전주판관, 죽산부사(竹山府使)를 역임하였다. 백성들에게 덕을 베풀고 청렴결백하게 지낸 명성이 알려져 가선대부(嘉善大夫)로 승계(陞階)되었다.

장원명(張源命)

통덕랑(通德郎)을 지냈다.

장구삼(張九三)

자는 자보(子甫).

선전관(宣傳官), 옥포만호를 지냈다.

장구주(張九疇)

자는 자방(子訪).

통덕랑(通德郎)을 지냈다.

장구석(張九碩)

자는 자유(子有).

용양위 부사과(龍讓衛副司果)를 역임하였다.

장구공(張九功)
자는 자숙(子淑).
충순부위(忠順副尉)를 지냈다.

장구소(張九素)
자는 채숙(蔡叔), 호는 호은(壺隱).
충순위(忠順衛)를 역임하였다.

장인봉(張仁鳳)
자는 운범(雲凡).
통덕랑(通德郎)을 지냈다.

장상한(張相漢)
자는 태이(台而).
곽산 군수(郭山郡守), 병마동첨절제사(兵馬同僉節制使)를 역임하였다.

장명한(張鳴漢)
자는 태보(台甫).
용양위 부사과(龍讓衛副司果)를 역임하였다.

장용한(張用漢)
인조 25년(1647)~?. 자는 여량(汝良). 죽산부사(竹山府使) 장성한(張成漢)의 아우.
숙종 2년(1676)에 형 장성한(張成漢)과 더불어 무과에 급제하였다. 당시에 적도(敵徒)들이 영호남의 수십 개 군(郡)을 백주 대낮에 횡행하며 유린하므로 관군이 적도를 토벌하고자 하였으나 여러 차례 패배하였다. 그는 형과 더불어 적을 유인하여 도적 괴수와 졸개 수십 명을 사로잡고 토벌하였고, 나라에서 포상하여 절충장군 용양위 부호군(折衝將軍龍驤衛副護軍)을 제수했다. 또한 임진왜란 때에 나라를 위하여 순절한 순절신(殉節臣)의 후손으로 특별히 진주영장 겸 훈련원판사(晋州營將兼訓練院判事)의 벼슬을 내렸다.

진주 백성이 그의 선정을 그려 송덕비를 세웠는데, 이러한 행적이 『승평읍지(昇平邑誌)』에 기록되어 있다.

장세량(張世良)

숙종 9년(1683)~영조 9년(1733). 자는 군보(君甫), 호는 사묵(四默).

사마시에 합격하고 문과에 급제하여 성균관의 학유, 학록, 학정을 거쳐 박사(博士)와 전적(典籍) 등의 관직을 지냈다. 흥양현감, 공조좌랑 겸 춘추관 기사관, 금교도 찰방(金校導察訪), 강령현감(康翎縣監), 성균관 직강(直講), 무장 현감(茂長縣監)을 지내고 금성(錦城), 순천(順天)의 진관병마절제도위(鎭管兵馬節制都尉)를 역임하였다. 문장이 단아하여 사람들이 칭송하였으며 현감으로 현을 다스릴 때 선치(善治)가 있어 고을 사람들이 송덕비를 세워 치적을 기렸다.

충순재(忠順齋). 충순위(忠順衛) 장구소(張九素)의 재실.

부안장씨

扶安張氏

연원(淵源)과 씨족사(氏族史)

부안장씨(扶安張氏)는 도시조 장금용(張金用)의 7세손인 문경공(文敬公) 장을호(張乙湖)를 시조로 한다. 문헌에 의하면 그는 고려 인종조에 좌복야를 역임하고, 부령군(扶寧君)에 봉해지니 후손들이 부안(扶安)을 본관으로 삼아 계대(系代)를 이어오고 있다.

부안장씨(扶安張氏)를 대표하는 인물로는 장을호의 손자인 장대환(張大紈)이 고려조에 상호군(上護軍)을 지냈으며, 장을호의 증손 장재(張載)는 중랑장(中郎將)을 지내 가문을 널리 알렸다.

조선조에 들어와서 춘추관사(春秋館事)를 역임한 장승부(張承鮒)가 있고, 그의 아들 장우인(張友仁)은 절제사(節制使), 손자 장령(張鈴)과 증손 장제(張濟)는 모두 부승지를 역임하였다. 또한 장익(張瀷)이 검교(檢校)를 지냈으며, 장백란(張伯鸞)은 성균생원(成均生員)을, 장계량(張啓良)이 참판을, 장윤형(張允亨)은 직장(直長)을, 장계계(張繼季)는 선략장군(宣略將軍)에 올라 부안장씨의 이름을 빛냈다.

2000년 인구조사 결과에 의하면 부안장씨는 전국에 총 824가구 2,594명이 거주하고 있는 것으로 조사되었다.

관향 부안(扶安)의 연혁

부안(扶安)은 전라북도(全羅北道) 남서부(南西部) 변산반도(邊山半島)에 위치한 지명으로 삼한시대에는 마한(馬韓)이었으며 마한

54개국 중 지반국(支半國)이라 하였다. 백제(百濟) 때에는 개화현(皆火縣)이었으며, 통일신라(統一新羅) 시대에는 부령현(扶寧縣), 계발(戒發)이라 하였다.

고려 때에는 보안현(保安縣)이라 하였으며, 별호(別號)를 낭주(浪州)라 하기도 하였다. 고려 말 우왕 때에는 부령현(扶寧縣)과 보안현(保安縣)에 각각 감무(監務)를 두었다.

조선 태종 14년(1414)에 보안(保安)과 부령현(扶寧縣)을 합하여 부안현(扶安縣)으로 개칭하였다. 태종 16년(1416) 12월에 두 현을 합하여 부령(扶寧)의 부(扶)자와 보안(保安)의 안(安)자를 따서 부안현(扶安縣)이라 고쳐 부르고, 그 이듬해에 흥덕진(興德鎭)을 폐하여 부안에 귀속시켜 부안진(扶安鎭)이라 하고, 병마사로서 판사를 겸하게 하였다. 세종 5년(1423)에 첨절제사로 바꾸었다가 현감으로 고쳤으며, 고종 32년(1895) 전국의 부목군현(府牧郡縣)의 이름을 군으로 통일하여 부르게 되면서 부안현(扶安縣)이 부안군(扶安郡)으로 개편되었다.

1914년 일제치하에서 행정구역을 고치면서 위도(蝟島)는 전남 영광군으로, 비안도는 군산시로 떼어주고, 대신 고부군에서 백산(白山), 거마(巨麻), 덕림(德林)의 3개면을 부안군에 편입시켰다. 1943년 부령면이 부안읍으로 승격되어 1읍 9면으로 되었다. 1963년 행정구역의 조정에 따라 전남 영광군의 위도면(蝟島面)이 부안군(扶安郡)으로 편입되었다.

세종실록지리지(世宗實錄地理志) : 부안현(扶安縣)

부령현(扶寧縣)은 본래 백제의 개화현(皆火縣)이었는데, 신라에서 부령현으로 고치고, 보안현(保安縣)은 본래 백제의 흔량매현(欣良買縣)이었는데, 신라에서 희안현(喜安縣)으로 고치어, 모두 고부(古阜)의 영현(領縣)으로 삼았었다. 고려에서 희안(喜安)을 고쳐서 보안현으로 하고, 뒤에 부령(扶寧)으로써 보안 감무(保安監務)를 겸하게 하였다가, 홍무(洪武) 19년 병인에 다시 나누었다. 본조 태종(太宗) 14년 갑오에 보안을 부령에 합치었다가, 다음해 을미에 또 나누었고, 그해 8월에 다시 합쳤다가, 또 다음해 병신 7월에 또 나누었고, 12월에 다시 합쳐서 부안현(扶安縣)으로 고쳤으며, 다음해 정유에 덕흥진(德興鎭)을 혁파하여 본현(本縣)에 옮기고 부안진(扶安鎭)이라 하여, 병마사(兵馬使)가 판현사(判縣事)를 겸임하게 하였다가 금상(今上) 5년 계묘에 예(例)에 의하여 첨절제사(僉節制使)로 하였다. 보안의 별호는 낭주(浪州)이다. 속향(屬鄕)이 1이니, 고촌(皷村)이요, 소(所)가 1이니, 신덕(申德)이다.

명산(名山)은 변산(邊山)이다. 사방 경계[四境]는 동쪽으로 김제(金堤)에 이르기 11리, 서쪽으로 바다 어귀에 이르기 60리, 남쪽으로 홍덕(興德)에 이르기 37리, 북쪽으로 만경(萬頃)에 이르기 11리이다.

호수가 3백 23호요, 인구가 1천 6백 62명이었다. 군정은 시위군이 19명이요, 진군이 38명이요, 선군이 3백 4명이다.

부령(扶寧)의 토성(土姓)이 5이니, 김(金), 장(張), 황(黃), 신(辛), 이(李)요, 속성(續姓)이 1이니, 심(沈)이요,(선산(善山)에서 왔는데, 향리(鄕吏)이다.) 보안(保安)의 성이 3이니, 한(韓), 황(黃), 송(宋)이요, 속성이 1이니, 임(林)이요, 고촌(皷村)의 망성(亡姓)이 1이니, 호(扈)이다. 인물은 첨의 찬성사(僉議贊成事) 문정공(文貞公) 김구(金坵)이니, 고려 충렬왕(忠烈王) 때 사람이다.

땅은 기름지다. 간전(墾田)은 7천 1백 40결이요,(논이 9분의 5가 못된다.) 토의(土宜)는 오곡과 삼[麻], 모시, 닥나무이다. 토공(土貢)은 여우가죽, 삵괭이가죽, 수달가죽, 상어, 고니[天鵝], 족제비털, 차[茶], 자리[席]요, 약재(藥材)는 겨우살이풀뿌리[麥門冬], 호라비좆뿌리[天門冬], 복령(茯苓), 녹용, 잉어쓸개요, 토산(土産)은 왕대다. 어량소(魚梁所)가 2이요,(위도(猬島)에 있는데 주로 청어가 난다.) 염소(鹽所)가 1이다.(현의 서쪽에 있다.) 염창(鹽倉) 자기소(磁器所)가 1이다.

읍 석성(邑石城) 역(驛)이 1이니, 부흥(扶興)이요, 관방(關防)이 1이니, 금모포(黔毛浦)요, 봉화가 3곳이니, 현(縣)의 서쪽 월고이(月古伊), 점방산(占方山), 계건이(界件伊)이요, 해도(海島)가 1이니, 위도(猬島)이다.

세계(世系)와 항렬(行列)

세계도(世系圖)

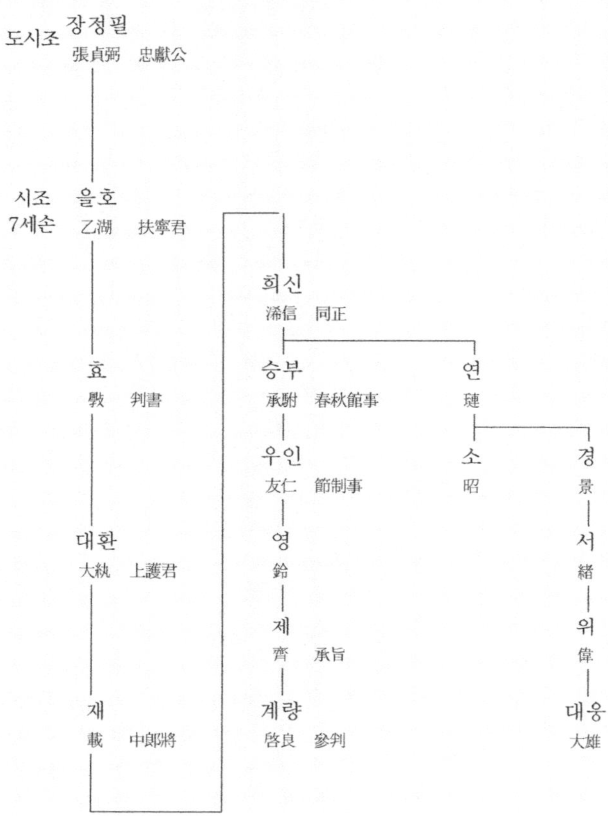

항렬표(行列表)

세	항 렬 자	세	항 렬 자	세	항 렬 자
19	應(응)	20	齡(령)	21	運(운)
22	在(재)	23	仁(인)	24	鳳(봉)
25	漢(한)	26	秀(수)	27	炯(형)
28	基(기)	29	鎭(진)	30	永(영)

역대 주요 인물

장 연(張 淵)

생졸년 미상. 자는 덕목(德目). 부안장씨(扶安張氏)의 시조, 도시조 태사공(太史公) 장정필(張貞弼)의 7세손.

고려의 문신으로 광정대부(匡靖大夫)에 오른 뒤 부녕군(扶寧君)에 봉군되었다. 부녕은 부안(扶安)의 옛 이름으로 후손들이 부안을 본관으로 삼고 세계를 이어왔다.

장대환(張大紈)

고려조에 상호군(上護軍)을 역임하였다.

장 재(張 載)

고려조에 중랑장(中郎將)을 지냈다.

장희신(張浠信)

고려조에 동정(同正)을 역임하였다.

장승부(張承鮒)

조선조에 춘추관사(春秋館事)를 역임하였다.

장우인(張友仁)
조선조에 절제사(節制使)를 지냈다.

장 영(張 鈴)
조선조에 승정원 부승지(承政院副承旨)를 역임하였다.

장 제(張 濟)
조선조에 승정원 부승지(承政院副承旨)를 지냈다.

장계량(張啓良)
조선조에 참판(參判)을 역임하였다.

장 익(場 翼)
자는 치원(致遠).
조선조에 검교(檢校)를 역임하였다.

장백란(張伯鸞)
조선조에 성균관 생원(成均館生員)을 지냈다.

장윤형(張允亨)
조선조에 직장(直長)을 역임하였다.

순천장씨

順天張氏

연원(淵源)과 씨족사(氏族史)

순천장씨(順天張氏)의 시조 장천로(張天老)는 『장씨상계세보(張氏上系世譜)』에 의하면 장씨 도시조 충헌공(太師忠獻公) 장정필(張貞弼)의 10세손인 장연우(張延佑)의 차남이다. 장천로는 고려 광종 16년(965)에 문과에 급제하여 금자광록대부 중서시랑(金紫光祿大夫中書侍郎)을 지냈고 순천군(順天君)에 봉해졌는데, 이후 후손들이 그를 시조로 모시고 관향을 순천(順天)으로 하여 세계(世系)를 이어왔다.

순천장씨(順天張氏)의 주요 인물을 살펴보면, 시조 장천로의 증손인 장균절(張均節)이 개성윤(開城尹)을 지냈으며, 그의 아들 장송저(張松貯)는 문하시랑 평장사(門下侍郎平章事)에 올랐다. 또한 장홍(張弘)이 밀직부사(密直副使)를 역임하였으며, 장보지(張輔之)는 공민왕조에 문과에 올라 순성좌리공신(純城佐理功臣)에 책록되고, 봉익대부(奉翊大夫)에 올라 이조 판서(吏曹判書)를 지냈는데, 고려의 국운이 쇠한 것을 알고 천도할 것을 간하다가 권신(權臣)에게 방해

유성재(愉誠齋). 장보지(張輔之)의 재실.

로 뜻을 이루지 못하자 순천으로 낙향하였다. 이후 조선 태조가 여러 번 불렀으나 불사이군(不事二君)의 충절을 지켜 나아가지 않았다. 아들 장사검(張思儉)도 고려 말에 문과에 급제하여 사재시 소감(少監)을 역임하고 중추원 녹사(祿事)에 이르렀으나 고려의 국운이 다함을 보고 은둔했다. 손자 장헌(張憲)도 중추원 녹사를 지냈으나 조선 개국 후 조부와 부친과 뜻을 함께 하여 고려 왕조에 대한 충절을 다하였다.

조선조에 들어와서는 참군(參軍) 장윤의(張允義)의 아들로 장일신(張日新)은 무과에 급제하여 진주 판관(晋州判官), 부산 첨사(釜山僉使), 경주 판관(慶州判官)을 거쳐서 기장 현감(機張縣監)을 지냈는데, 뛰어난 무예와 청빈하고 강직한 성품으로 칭송받았다. 학자 장건(張健)은 성종 19년(1488)에 성균관 진사시(進士試)에 합격하였으나 연산군조의 어지러운 조정을 보고 대과(大科)를 포기하고 후진 양성에 정진하였다.

효자로 이름난 장문서(張文瑞)는 류성룡(柳成龍)의 천거로 찰방(察訪)에 발탁되었고 정려와 복호(復戶)의 은전을 받았으며, 장문보(張文輔)는 명종조에 문과에 올라 풍기 군수(豊基郡守)를 거치고 진주 목사로 부임하여 민생(民生) 구휼(救恤)에 힘쓰는 선정(善政)

숭의재(崇義齋). 충장공 장사검(張思儉)의 재실.

을 베풀었다.

그 밖의 인물로는 군자감 첨정(軍資監僉正)을 지낸 장덕순(張德純)과 첨지중추부사(僉知中樞府事)를 역임한 장대곤(張大崑)이 유명하다. 또한 인조조에 선전관(宣傳官)을 거쳐 경기도, 경상좌도, 황해도의 수군절도사(水軍節度使)를 역임한 후 삼도수군통제사(三道水軍統制使) 부총관(副摠管)을 지낸 장시규(張是奎)가 있다. 장시규의 아들 장한상(張漢相)은 함경북도 병마절도사 겸 경성부사(鏡城府史)를 거쳐 일본 통신사(通信使)를 지냈는데, 통신사로서 위엄이 높아 왜인(倭人)들이 함부로 대할 수 없었다고 하며, 숙종조에 울릉도에 속출하는 왜구를 섬멸하였고, 전라도의 기근에 민생을 구제하고 도적떼를 섬멸하는 등 많은 공을 세웠다.

2000년 인구조사 결과에 의하면 순천장씨는 전국에 총 3,226가구 10,086명이 거주하고 있는 것으로 나타났다.

관향 순천(順天)의 연혁

순천(順天)은 전라남도 남동쪽에 위치하며 백제시대에는 함평이

병마수군절도사(兵馬水軍節度使) 장한상(張漢相)의 묘소.

었으나 신라 경덕왕 때 승평(昇平)으로 고쳤으며, 고려 성종 2년(983) 지명을 순주(順州), 자주(慈州), 은주(殷州)로 고치고 각 주마다 방어사(防禦使)를 두었다. 성종 14년(995) 곤해군절도사(衮海軍節度使)가 파견되고, 현종 3년(1012) 안무사로 고쳤다가, 정종 2년(1036) 다시 승평군으로 이름이 바뀌었다. 이때 부유현(富有縣), 돌산현(突山縣), 여수현(麗水縣), 광양현(光陽縣)을 속현(屬縣)으로 거느렸다. 1309년 승주목(昇州牧), 1310년 순천부(順天府)가 되었다.

태종 13년(1413) 군현제 개편 때 도호부로 승격하여, 조선시대 동안 순천도호부는 전라좌도 남부의 중심 역할을 하였다. 성종 10년(1479) 속현이었던 여수현(麗水縣)에 전라좌도 수군절도사영이 설치되어 전라좌도 해안방어의 군사적 요충지가 되었다. 순천의 별호는 평양(平陽)이었다. 고종 32년(1895) 지방제도 개정으로 남원부 소속 순천군으로 개칭하고, 1896년 전라남도 순천군이 되었다.

1949년 8월 순천읍과 도사면 일부, 해룡면 일부를 합하여 순천시가 되고 종래의 순천군은 승주군으로 개칭하였다. 1995년 순천시와 승주군을 통합하여 도농복합형의 새로운 순천시가 되었다. 2003년 승주읍과 10면 12동으로 이루어져 있다.

세종실록지리지(世宗實錄地理志) : 순천 도호부(順天都護府)

본래 백제의 삽평군(歃平郡)이었는데, 일명 무평(武平)이라 한다. 신라에서 승평군(昇平郡)으로 고쳤고, 고려 성종(成宗) 15년에 새로 10도(道)를 정할 때 승주 연해군 절도사(昇州兗海軍節度使)로 하였다가 정종(靖宗) 2년 병자에 다시 승평군으로 하였고, 충선왕(忠宣王) 원년 기유에 승주목(昇州牧)으로 승격하였다가 2년에 순천부로 강등하였다. 본조에서도 그대로 따랐는데, 태종 13년 계사에 예(例)에 의하여 도호부로 하였다. 옛 속현(屬縣)이 3이니, 여수(麗水)는 본래 백제의 원촌현(猿村縣)이었는데, 신라에서 해읍현(海邑縣)으로 고쳤고, 고려에서 여수현으로 고쳐서 승평군의 속현(屬縣)으로 하였다가 충정왕(忠定王) 2년 경인에 따로 현령(縣令)을 두었는데, 본조 태조(太祖) 5년 병자에 본부에 환속(還屬)시켰으며, 돌산(突山)은 본래 백제의 돌산현이었는데, 신라에서 노산현(盧山縣)으로 고쳤고, 고려에서 다시 돌산현으로 고쳤으며, 부유(富有)는 본래 백제의 둔지현(遁支縣)이었는데, 신라에서 부유현으로 고쳐서 곡성군(谷城郡)의 영현(領縣)으로 삼았다가 고려 초에 내속(來屬)시켰다. 향(鄕)이 2이니, 삼일포(三日浦), 정방(正方)이요, 소(所)가 3이니 상이사(上伊沙), 두잉지(豆仍只), 두평(豆坪)이요, 부곡(部曲)이 10이니, 가음(嘉音), 이촌(梨村), 죽청(竹靑), 율촌(栗村), 진례(進禮), 적량(赤良), 소라포(召羅浦), 하이사(下伊沙), 별량(別良), 송림(松林)이다.

진산(鎭山)은 인제(麟蹄)이다. 사방 경계는 동쪽으로 광양(光陽)에 이르기 20리, 서쪽으로 동복(同福)에 이르기 72리, 남쪽으로 바다에 이르기 70리, 북쪽으로 구례(求禮)에 이르기 48리이다. 호수가 4백 67호요, 인구가 2천 6백 18명이다. 군정은 시위군이 17명이요, 수호군이 79명이다.

토성(土姓)이 4이니, 장(張), 박(朴), 김(金), 강(康)이요, 망성(亡姓)이 1이니, 도(陶)요, 내접성(來接性)이 1이니, 임(林 : 豊山)이요, 속성(續姓)이 1이니, 이(李 : 鄕吏)이다. 여수(麗水)의 성이 3이니, 박(朴), 신(辛), 백(白)이요, 망성(亡姓)이 1이니, 도(陶)요, 내접성(來接姓)이 1이니, 김(金)이다. 부유(富有)의 성이 4이니, 현(玄), 김(金), 심(沈), 이(李)요, 내접성(來接姓)이 2이니, 박(朴), 고(高)요, 속성(續性)이 1이니, 임(林)이다. 돌산(突山)의 성이 5이니, 정(鄭), 윤(尹), 정(丁), 석(石), 노(盧)요, 삼일포(三日浦)의 성이 2이니, 박(朴), 전(田)이요, 내접성(來接姓)이 2이니, 강(康 : 慶州), 이(李 : 光州)이다. 정방(正方)의 성이 1이니, 김(金)이요, 속성(續姓)이 1이니 박(朴 : 鄕吏)이요, 두잉지(豆仍只)

의 성이 2이니, 박(朴), 신(辛)이요, 가음(嘉音)의 성이 2이니, 임(任), 여(呂)요, 내접성이 1이니, 박(朴 : 昇州)이요, 이촌(梨村)의 망성(亡姓)이 2이니, 백(白), 임(林)이요, 죽청(竹靑)의 성이 1이니, 도(陶)요, 율촌(栗村)의 성이 4이니, 김(金), 강(康), 박(朴), 차(車)요, 진례(進禮)의 성이 3이니, 전(田), 박(朴), 신(申)이요, 망성(亡姓)이 1이니, 김(金)이요, 적량(赤良)의 성이 2이니, 박(朴), 신(辛)이요, 소라포(召羅浦)의 성이 2이니, 박(朴), 백(白)이요, 망성(亡姓)이 2이니, 전(田), 신(辛)이요, 하이사(下伊沙)의 성이 1이니, 임(林)이요, 별량(別良)의 성이 3이니, 박(朴), 도(陶), 황(黃)이다. 인물은 좌승(左丞) 강영규(康英規)이니, 고려 태조 때 사람이요, 견훤(甄萱)의 사위는 죽어서 해룡 산신(海龍山神)이 되었다.

분파(分派)와 파조(派祖)

순천장씨는 크게 혼파(渾派), 환파(環派), 맹원파(孟元派), 일신파(日新派), 일취파(日就派)로 분파하였다.

혼파(渾派)

파조 장혼(張渾)은 시조 순천군 장천로(張天老)의 10대손으로 진위장군(振威將軍) 호군(護軍) 장맹손(張孟孫)의 장남이며, 과의교위(果毅校尉) 사직(司直)을 지냈다. 후손들은 훈파, 계파, 용파, 도신파, 도운파로 분파하였다.

훈파(勳派)의 파조 장훈(張勳)은 시조 순천군 장천로(張天老)의 15대손으로 장순민(張舜民)의 장남이며, 선무랑(宣務郞) 훈도(訓導)를 역임하였다.

계파(啓派)의 파조 장계(張啓)는 시조 순천군 장천로(張天老)의 15대손으로 장준민(張俊民)의 아들이며, 장사랑(將士郎)에 오르고 양산훈도(梁山訓導)를 지냈다.

용파(容派)의 파조 장용(張容)은 시조 순천군 장천로(張天老)의 15대손으로 장일민(張逸民)의 장남이며, 참봉(參奉)을 지냈다.

도신파(道信派)의 파조 장도신(張道信)은 시조 순천군 장천로(張天老)의 15대손으로 장철민(張哲民)의 아들이며, 이조참의를 역임하였다.

도운파(道雲派)의 파조 장도운(張道雲)은 시조 순천군 장천로(張天老)의 15대손이고 장선민(張善民)의 아들이다.

환파(環派)

파조 장환(張環)은 시조 순천군 장천로(張天老)의 10대손으로 진위장군 호군을 지낸 장맹손(張孟孫)의 2남이며, 성균진사(成均進士)에 올랐다. 후손들은 천익파, 소인파로 분파하였다.

천익파(天翼派)의 파조 장천익(張天翼)은 순천군 장천로(張天老)의 15대손으로 통덕랑(通德郎) 장흡(張翕)의 장남이다.

소인파(素仁派)의 파조 장소인(張素仁)은 순천군 장천로(張天老)의 15대손으로 장군혁(張君赫)의 아들이다.

맹원파(孟元派)

파조 장맹원(張孟元)은 시조 순천군 장천로(張天老)의 10대손으로 충의교위(忠毅校尉) 사직(司直) 장윤인(張允仁)의 장남이며, 통례원 인의(引儀)를 역임하였다.

희재파(希載派)의 파조 장희재(張希載)는 순천군 장천로(張天老)의 15대손으로 참봉(參奉) 장귀정(張龜禎)의 장남이다.

대곤파(大崑派)의 파조 장대곤(張大崑)은 순천군 장천로(張天老)

의 15대손으로 장윤문(張潤文)의 아들이며, 통정대부에 올라 첨지중추부사(僉知中樞府事)를 역임하였다.

일신파(日新派)

파조 장일신(張日新)은 시조 순천군 장천로(張天老)의 10대손으로 무과에 급제하여 훈련원 참군에 오른 장윤의(張允義)의 장남이며, 무과에 급제하여 어모장군(禦侮將軍)에 올라 진주판관(晋州判官), 부산첨사(釜山僉使)를 지냈다. 이후 통훈대부로 올라 경주판관(慶州判官)과 기장현감(機張縣監)을 역임하였다.

두성파(斗星派)의 파조 장두성(張斗星)은 시조 순천군 장천로(張天老)의 15대손으로 장평국(張平國)의 아들이며, 성균생원(成均生員)을 지냈다.

시립파(時立派)의 파조 장시립(張時立)은 시조 순천군 장천로(張天老)의 15대손으로 장명국(張明國)의 아들이다.

익한파(翊漢派)의 파조 장익한(張翊漢)은 시조 순천군 장천로(張天老)의 15대손으로 가선대부 장여강(張汝綱)의 2남이다.

지한파(之漢派)의 파조 장지한(張之漢)은 시조 순천군 장천로(張天老)의 15대손으로 참봉(參奉) 장여기(張汝紀)의 아들이며, 선무랑(宣務郎)에 올라 평구도 찰방(平邱道察訪)을 지냈다.

우신파(佑信派)의 파조 장우신(張佑信)은 시조 순천군 장천로(張天老)의 15대손으로 장대군(張大君)의 아들이다.

내유파(乃維派)의 파조 장내유(張乃維)는 시조 순천군 장천로(張天老)의 15대손으로 상주목사(尙州牧使) 장덕정(張德亭)의 아들이며, 가선대부 동지중추부사에 증직되었다.

익파(翊派)의 파조 장익(張翊)은 시조 순천군(順天君) 장천로(張天老)의 15대손으로 증승정원좌승지 겸 경연참찬관 장덕명(張德明)의 아들이며, 가선대부 호조참판 겸 동지중추부사와 오위도총부 부총관(副摠管)에 증직되었다.

핵파(翮派)의 파조 장핵(張翮)은 시조 순천군 장천로(張天老)의 15대손으로 장덕소(張德邵)의 아들이며, 주부(主簿)를 역임하였다.

내흥파(乃興派)의 파조 장내흥(張乃興)은 시조 순천군 장천로(張天老)의 15대손으로 군자감 첨정(僉正) 장덕순(張德純)의 장남이며, 천성이 순후하고 학문이 깊으며 행의로 세상에 이름이 높았다.

두성파(斗星派)의 파조 장두성(張斗星)은 시조 순천군 장천로(張天老)의 15대손으로 장덕용(張德容)의 장남이며, 절충장군(折衝將軍)에 올라 용양위 부호군(龍驤衛副護軍)을 역임하였다.

두병파(斗柄派)의 파조 장두병(張斗柄)은 시조 순천군 장천로(張天老)의 15대손으로 장덕용(張德容)의 2남이며, 첨정(僉正)을 지냈다.

두수파(斗壽派)의 파조 장두수(張斗壽)는 시조 순천군 장천로(張天老)의 15대손으로 장덕용(張德容)의 3남이며, 천성이 자비롭고 검소하여 세인들의 본이 되었다.

모식파(慕栻派)의 파조 장모식(張慕栻)은 순천군 장천로(張天老)의 15대손으로 장준인(張峻仁)의 장남이며, 선교랑(宣敎郞)에 올라 성현도 찰방(省峴道察訪)을 역임하였다.

적파(績派)의 파조 장적(張績)은 시조 순천군 장천로(張天老)의 15대손으로 군자감 주부(主簿) 장지걸(張之傑)의 장남이며, 참봉(參奉)과 부장(部將)을 지냈다.

일취파(日就派)

파조 장일취(張日就)는 시조 순천군 장천로(張天老)의 10대손으로 훈련원 참군 장윤례(張允禮)의 아들이며, 동래부사(東萊府使)를 거쳐 병마절제도위(兵馬節制都尉)를 역임하였다. 후손들은 운학파, 붕익파,

용익파로 분파하였다.

운학파(雲鶴派)의 파조 장운학(張雲鶴)은 시조 순천군 장천로(張天老)의 15대손으로 장일남(張逸南)의 아들이며, 통정대부에 올랐다.

붕익파(鵬翼派)의 파조 장붕익(張鵬翼)은 시조 순천군 장천로(張天老)의 15대손으로 장민덕(張敏德)의 장남이다.

용익파(龍翼派)의 파조 장용익(張龍翼)은 시조 순천군 장천로(張天老)의 15대손으로 장민덕(張敏德)의 2남이며, 가선대부에 올랐다.

순천장씨(順天張氏)

세계(世系)와 항렬(行列)

세계도(世系圖)

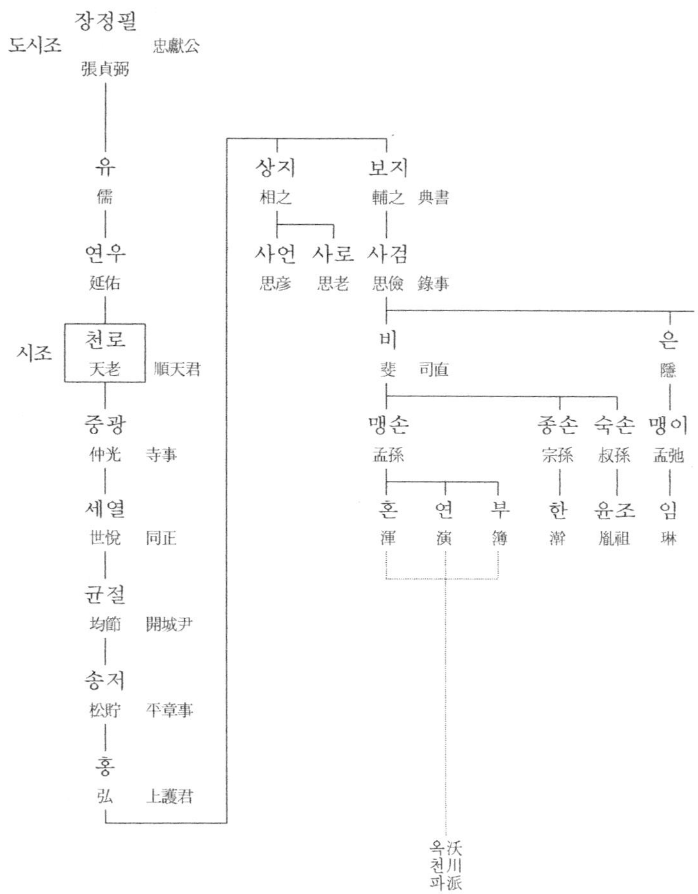

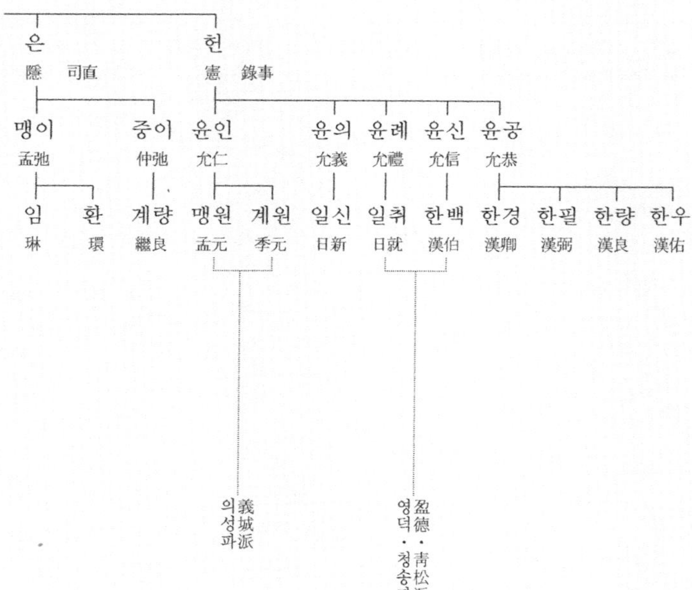
은 隱 司直
헌 憲 錄事
맹이 孟弛
중이 仲弛
윤인 允仁
윤의 允義
윤례 允禮
윤신 允信
윤공 允恭
임 琳
환 環
계량 繼良
맹원 孟元
계원 季元
일신 日新
일취 日就
한백 漢伯
한경 漢卿
한필 漢弼
한량 漢良
한우 漢佑
의성파 義城派
영덕·청송파 盈德·靑松派

순천장씨(順天張氏)

항렬표(行列表)

세	항렬자	세	항렬자
36	仁(인)·在(재)·奎(규)	37	鎬(호)·商(상)·九(구)
38	洛(락)·汶(문)·浩(호)	39	秀(수)·相(상)·杓(표)
40	熙(희)·熏(훈)·然(연)	41	周(주)·培(배)·坤(곤)
42	鍾(종)·銖(수)·錫(석)	43	永(영)·洙(수)·河(하)
44	秉(병)·極(극)·樂(락)	45	烈(렬)·炯(형)·爀(혁)
46	敎(교)·載(재)·孝(효)	47	鉉(현)·鍾(종)·善(선)

역대 주요 인물

장천로(張天老)

정종 11년(1145)~고종 10년(1223). 자는 도명(道明), 호는 대헌(大軒). 순천장씨(順天張氏)의 시조. 도시조 태사공(太史公) 장정필(張貞弼)의 10세손 장연우(張延佑)의 아들.

고려조의 문신으로 명종 원년(1171) 문과에 급제하여 금자광록대부(金紫光祿大夫) 중서시랑(中書侍郎)을 역임하였다. 순천군(順天君)에 봉군되었으므로 후손들이 그를 시조로 하고 관향을 순천으로 하여 세계(世系)를 이어왔다.

장중광(張仲光)

고려조에 판육부시사(判六府寺事)를 역임하였다.

장세열(張世悅)

고려조에 영동정(令同正)을 지냈다.

장균절(張均節)

고려조에 개성 윤(開城尹)을 지냈다.

장송저(張松貯)

고려조에 문하시랑 평장사(門下侍郎平章事)를 역임하였다.

장 홍(張 弘)

고려조에 밀직부사(密直副使)를 지냈다.

장상지(張相之)

고려조에 판육부시사(判六府寺事)를 지냈다.

장보지(張輔之)

충렬왕 30년(1304)~?. 자는 문형(文亨), 호는 달산(達山) 또는 일은(一隱).

고려 공민왕조에 문과에 급제한 후 공민왕 12년(1363) 홍건적을 물리친 공으로 서운정(書雲正)으로 순성좌리이등공신 봉익대부 이조전서 겸 판서운관사(純誠佐理二等功臣奉翊大夫吏曹典書兼判書雲觀事)가 되었다. 판서운관사로서 왜구의 화를 피하기 위하여 정당문학 권중화(權仲和)와 함께 북소(北蘇) 기달(箕達)에 가서 천도할 궁궐의 터를 보고 왔으나 천도는 시행되지 않았다. 개성에 들짐승이 들어오고 우물물이 끓어오르며 물고기가 싸우는 괴변이 자주 일어나자 도읍을 옮길 것을 청했으나 권신 이인임(李仁任)의 반대로 실현되지 않았다. 이 일로 인하여 벼슬을 버리고 향리에 돌아가 머물렀다.

조선이 개국한 후 그의 충절과 경륜을 높이 산 태조가 불렀으나 불사이군(不事二君)의 충절을 지켜 사양하였다. 태조가 예를 갖춰 세 번이나 부르니 머리를 깎고 건달산(建達山)에 들어가 종신토록 은둔하였다. 그의 행의가 『승주읍지(昇州邑誌)』에 실려 있다.

장사언(張思彦)

고려조에 판서운관사(判書雲觀事)를 지냈다.

장사로(張思老)

고려조에 개성소윤(開城少尹)을 역임하였다.

장사검(張思儉)

충숙왕 8년(1321)~태조 1년(1392). 자는 사덕(士德), 호는 이은(二隱), 시호는 충장(忠莊). 서운관사(書雲觀事) 달산공(達山公) 장보지(張輔之)의 아들.

고려 조정에서 조산대부 사재소감 중추원녹사(朝散大夫司宰少監中樞院錄事)를 지냈다. 고려가 멸망하고 조선이 개국하여 태조가 여러 번 불렀으나 고려의 망국을 통탄하면서 머리를 풀어헤치고 건달산(建達山)에 은거하여 여생을 보냈다. 부친 달산공이 일찍이 벼슬을 버리고 건달산에 은거하여 호(號)를 일은(一隱)이라 하니, 이를 본받아 이은(二隱)이라 자호하였다.

장 비(張 棐)

공민왕 5년(1356)~세종 18년(1436). 자는 문욱(文郁), 호는

장사검(張思儉)의 묘소.

세은재(世隱齋).

조부와 부친 모두가 고려가 위태해지자 산천에 은거하여 호를 일은(一隱)과 이은(二隱)이라 하니, 그도 이 뜻을 이어서 세은재(世隱齋)라 하고 은거하였다. 천성이 효성스럽고 우애가 깊었으며, 학문도 성취한 바가 컸으나 선조의 은거입산(隱居入山)한 자취를 존중하여 고향에 머물렀다.

장 은(張 隱)

고려조에 사직(司直)을 지냈다.

장 헌(張 憲)

공민왕 18년(1369)~?. 호는 삼은재(三隱齋) 또는 농부(農夫).

고려조에서 성균생원(成均生員), 중추원녹사(中樞院錄事)를 지냈다. 고려가 망하고 조선이 개국하자 선대의 불사이군(不事二君)의 뜻을 이어 자신의 자호를 농부(農夫)라 짓고, 농사를 지으며 산천에 은거하였다.

태종이 그의 능력과 인품을 사랑하여 승지(承旨)를 내리고, 재차 이조판서를 내리며 불렀으나 나아가지 않았다. 그가 말하기를, "우리 3대(代)가 모두 나라의 후은(厚恩)을 받았으나 나라가 망했으니 차마 세상을 볼 낯이 없다. 칠순인 조부는 몸을 숨겨 산으로 들어가셨고, 오십 줄에 오른 선친은 가사(歌詞)를 지어 망국의 슬픔을 읊으셨는데, 내가 오늘날 무슨 면목으로 작록을 누릴 수 있을 것인가!" 하였다. 한편 자손에게 이르기를, "너희들은 새 왕조의 사람이니 고집을 피우지 말고 새 왕조를 따르는 것이 가하다." 하였다.

자헌대부 병조판서에 추증되었다.

장맹손(張孟孫)
고려조에 호군(護軍)을 지냈다.

장종손(張宗孫)
고려조에 사직(司直)을 지냈다.

장윤인(張允仁)
조선조에 사직(司直)을 지냈다.

장윤의(張允義)
조선조에 훈련원 참군(訓練院參軍)을 지냈다.

장윤례(張允禮)
조선조에 만호(萬戶)를 역임하였다.

장일신(張日新)
세종 27년(1445)~연산군 8년(1502). 호는 근계(近溪).
무과에 급제하고 후에 중시(重試)에 급제하여 어모장군(禦侮將軍)의 품계에 올라 진주 판관(晋州判官), 부산 첨사(釜山僉使), 통훈대부 경주 판관(慶州判官) 등을 두루 역임하였다. 기장 현감(機張縣監)으로 재직 중 관아에서 순직하였다. 자질(資質)이 특출(特出)하고 문사(文詞)가 풍부하며 청렴결백하여 세상에 이름이 높았다.

장일취(張日就)
조선조에 병마절제도위(兵馬節制都尉)를 지냈다.

장 혼(張 渾)

조선조에 사직(司直)을 지냈다.

장맹원(張孟元)

조선조에 통례원 인의(通禮院引儀)를 지냈다.

장옥동(張玉童)

조선조에 현신교위(顯信校尉)에 이르렀다.

장 량(張 良)

조선조에 사직(司直)을 지냈다.

장 건(張 健)

성종 19년(1488)~명종 2년(1547). 자는 이순(而順), 호는 노계(老溪).

나이 17세에 성균 진사에 합격하였고, 어릴 때부터 총명하여 마음을 닦고 학문을 연마하는 데에 일념을 쏟았다. 연산군의 학정으로 세상이 어수선하자 오로봉(五老峯) 아래에 노계정사(老溪精舍)

장일신(張日新)의 묘소.

를 지어 은거하였다. 노계정사에서 서로 뜻이 맞는 선비들과 학문을 연마하며 후학을 가르쳤는데, 어지러운 세상에 선비의 지조를 맑게 지키며 포부를 펴지 않으니 뜻있는 선비들이 안타까워했다.

장문서(張文瑞)

중종 2년(1507)~선조 10년(1577). 자는 응휴(應休), 호는 문암(文巖).

네 살 때에 부모가 돌아가시자 고기를 먹지 않고 슬피 사모하기를 그치지 않았다. 열 살이 되자 부친과 모친의 여묘를 각각 3년씩 총 6년을 소급하여 상복을 입고 밤낮으로 슬피 울며 아침저녁의 제사를 지성으로 드렸다. 여묘를 마치고는 초하루와 보름의 삭망제(朔望祭)에 정성을 다하였다. 또한 외조부모가 돌아가셨을 때도 심상(心喪) 3년을 입으니, 이러한 효행을 높이 치하한 선비들이 관아에 천거하여 조정에 장계되었다. 이에 조정에서 인의(引儀)로 천거하고 남부 참봉(南部參奉)에 제수하였으나 부임하지 않았다. 서애(西厓) 유성룡(柳成龍)이 천거하여 그를 보안도 찰방(保安道察訪)에 제수하고 정려와 복호(復戶)의 은전을 내렸다.

묘지명(墓誌銘)은 서애 유성룡 선생이 찬(撰)하였으며, 경북 군위

장문암(張文巖)과
장문서(張文瑞)의 정려각

에 정려가 세워져 있다. 사림의 공론으로 비안 백천서원(白川書院)에 배향하였다.

장문보(張文輔)

중종 11년(1516)~명종 21년(1566). 자는 백훈(白勳), 호는 성남(星南).

명종 원년에 사마시에 합격하고 같은 해 문과에 급제하였다. 전라도사(全羅都事)로 특배(特拜)되어 흉년으로 굶어 죽는 사람과 이재민을 진휼하는데 진력하여 백성을 구제하였다. 풍기 군수, 대동찰방(大同察訪), 형조 정랑, 사헌부 장령을 두루 지내고 대사성(大司成)에 올랐다. 재차 외직으로 진주 목사로 부임하여 선정을 베푸니 백성들이 찬양하였다. 공무로 관부(官府)에서 과로로 순직하였는데, 고을 사람들이 우애비(寓哀碑)를 세워 그를 기렸다.

장문익(張文翼)

조선조에 중추원 녹사(中樞院錄事)를 지냈다.

장 숙(張 俶)

자는 선중(善中).

조선조에 군기시 첨정(軍器寺僉正)을 지냈다.

장세온(張世溫)

조선조에 우후(虞侯)를 지냈다.

장복겸(張福謙)

조선조에 적순부위(迪順副尉)에 이르렀다.

장 두(張 斗)

조선조에 수의부위(修義副尉)에 올랐다.

장 흡(張 翕)

조선조에 첨정(僉正)을 역임하였다.

장 운(張 運)

자는 여중(汝中), 호는 신재(愼齋).

효성이 지극하여 명종 19년(1564) 효행으로 천거되어 첨정(僉正)을 지냈다.

장윤갑(張胤甲)

조선조에 판관(判官)을 역임하였다.

장 원(張 遠)

조선조에 첨정(僉正)을 역임하였다.

장희설(張希說)

자는 자후(子厚).

조선조에 군자감 정(軍資監正)을 지냈다.

장덕형(張德亨)

자는 성통(性通).

조선조에 상주목사(尙州牧使)를 지냈다.

순천장씨(順天張氏)

장덕림(張德霖)

자는 시습(時習).

조선조에 이조참의(吏曹參議)를 역임하였다.

장덕순(長德純)

자는 경부(敬夫).

조선조에 군자감 첨정(軍資監僉正)을 지냈으며, 충효(忠孝)가 극진하여 아침과 저녁에 가묘(家廟)의 배알(拜謁)을 거르지 않았고 국상(國喪)을 당할 때마다 매양 부모의 상(喪)과 같이 집상(執喪)하였다.

장덕겸(張德謙)

조선조에 첨정(僉正)을 지냈다.

장지걸(張之傑)

조선조에 군자감 주부(軍資監主簿)를 지냈다.

장대곤(張大崑)

조선조에 첨지중추사(僉知中樞事)를 역임하였다.

장지한(張之漢)

조선조에 평구도 찰방(平邱道察訪)을 지냈다.

장내유(張乃維)

조선조에 동지중추부사(同知中樞府事)를 역임하였다.

장 핵(張 翮)

자는 운거(雲擧).

조선조에 주부(主簿)를 지냈다.

장시흥(張始興)

자는 무백(武伯), 호는 괴헌(槐軒).

조선조에 첨지(僉知)를 지냈다.

장두성(張斗星)

자는 자앙(子仰), 호는 의재(義齋).

조선조에 오위도총부 부호군(五衛都摠府副護軍)을 지냈다.

장모식(張慕栻)

자는 효원(孝元).

조선조에 성현도 찰방(省峴道察訪)을 지냈다.

장세강(張世綱)

조선 영조조에 문과에 등과(登科)한 후 아산 현감(牙山縣監) 등을 거쳐 사헌부 장령(司憲府掌令)을 역임하였다.

장시규(張是奎)

인조 5년(1627)~숙종 38년(1712). 자는 여상(汝常), 호는 절도(節度).

천성이 순후하여 부모에게 효도하고 형제와 우애 깊고 관직에 나가서는 청렴결백할 것을 목표로 삼았다.

인조 26년(1648) 22세 때 무과에 급제하여 양주 목사, 회령 부사를 지낸 후 총융중군(摠戎中軍)으로 승격하고, 이어 경기도 수군절도사(水軍節度使)와 삼도수군통어사(三道水軍統御使)에 제수되었다. 오위도총부 부총관을 끝으로 벼슬을 사직하고 56세 때 향리에 돌아가 자질(子姪)과 후학들을 가르치면서 여생을 보냈다.

그는 선전관을 출발로 현산 춘천 태안 회령 양주 등지의 수령으로 있을 때에는 성력을 다해 다스렸다. 익산 나주 충주 등지에서는 토포의 중임을 띠고 민심을 수습하였으며 북변 수비와 경기, 황해 경상좌도의 수군절도사를 거치고 교동도호부사와 삼도 수군통어사 시절에는 국토 보위의 대임을 성실하게 수행하였다.

회혼과 회방을 지내니 드물게 보는 경사라 하였고, 82세의 장수를 누리고 떠나니 때는 숙종 34년(1708)이다. 왕은 예관을 보내어 그의 죽음을 슬퍼하고 사제문을 보내 치제하였다. 이듬해 봄 지금의 안계면 도덕리 화경산(花頭山) 남쪽의 진성이씨(眞城李氏) 부인의 묘에 합장하였다. 그가 일찍이 말 달리고 활 쏘며 조련하던 안계 벌이 내다보이는 자리이다.

충효를 겸전(兼全)한 인물로 칭송받았다.

장 계(張 啓)

선조 17년(1584)~현종 1년(1660). 자는 자전(子全), 호는 전긍재(戰兢齋).

관직은 양산훈도(梁山訓導)를 지냈다. 혼란한 시대에 학문에 정진하여 영특한 자질에 힘입어서 경사(經史)에 두루 통달하였다.

장경무(張景武)

조선조에 훈련원 판관(訓練院判官)을 역임하였다.

안동장씨

安東張氏

연원(淵源)과 씨족사(氏族史)

시조 장정필(張貞弼)은 처음 이름이 길(吉), 자는 영부(寧父), 호는 포음(圃陰), 시호는 충헌(忠獻)이다. 그는 신라 하대 청해진대사(清海鎭大使)로 해상권을 장악하며 활약한 장보고(張保皐) 장군의 현손으로 관직은 통합삼한벽상삼중대광아부공신(統合三韓壁上三重大匡亞父公信) 태사(太師) 충헌공(忠獻公)이다.

888년 당나라에서 태어나 892년 아버지 장원(張源)이 당말(唐末)의 혼란을 피해 가족을 데리고 신라로 오니, 당시 나이 5세로 처음 배를 대고 상륙한 곳이 명주 현강능으로 지금의 경포호반(鏡浦湖畔)이다. 족보상의 기록으로 장원(張源)의 묘소가 원주에 있는 것으로 보아 그 후 충주(중원소경) 지역에 정착한 것으로 추정하고 있다.

그의 나이 18세가 되자 사신을 따라 당나라로 들어가서 공부하여 24세에 과거에 급제하였으나 벼슬에는 뜻을 두지 않고 산으로 들어가 학문을 연구하며 후학을 양성하니 사람들은 부자(夫子)라 일컬었다. 이에 황제도 여러 번 예(禮)를 다해 청하니 사양하지 못하

태사묘(太師廟). 장정필(張貞弼), 김선평(金宣平), 권행(權幸)의 위패(位牌)를 모신 사당.

고 관직에 올라 전란으로 소실된 학교를 재건하고 성균관을 창건하여 관혼상제의 예를 성현의 법으로 따르도록 하고 이부상서의 높은 지위에 올랐으나, 이후 간신 김남석의 무고로 신라로 돌아왔다.

당시는 후삼국의 혼란기 말로 태조 왕건이 즉위하여 2년이 되던 때로 그는 고창(古昌)으로 내려가 성주 김선평과 영장 김행과 두터운 교분으로 형제같이 지냈는데, 견훤이 927년에 공산 상주 대목군 고을부 등을 점령하고 929년 12월 파죽지세로 순주를 항복시키고 고창으로 쳐들어 왔다. 이때 고려 왕건이 내려와 견훤군과 대전할 때, 삼공이 양병해온 관군과 창의군 사병을 모아 태조를 도와 크게 승리하니 이른바 930년 병산대첩이다.

이에 태조 왕건이 김선평에게 대광(大匡)을, 장길과 김행에게는 대상(大相)의 벼슬을 내리고 고창을 승격하여 안동부로 하고 안동을 삼공의 식읍으로 주었으며, 김행을 권씨로 사성(賜性)하고 삼태사와 같이 안동을 본관으로 삼으니 이로써 안동장씨와 안동김씨와 안동권씨가 비롯하였다.

안동장씨(安東張氏)는 시조 태사공으로부터 1대손 장보천(張寶千)은 좌복야(左僕射), 2대손 장금선(張錦善)은 상장군(上將軍), 3대손 장광현(張光賢)은 우복야 평장사(平章事), 4대손 장전(張荃)은

삼태사비(三太師碑).

대장군(大將軍), 5대손 장보성(張甫聖)은 판도판서, 6대손 장칠(張漆)은 예부시랑, 7대손 장몽룡(張夢龍)은 삼사대윤(三司大尹), 8대손 장보(張補)는 직제학, 9대손 장영휘(張英暉)는 좌시중(左侍中), 10대손 장찬(張贊)은 평장사에 올랐으니, 줄곧 고려조의 명문으로서의 위상을 이어 내려왔다. 또한 11대손 문효공(文孝公) 장양우(張良佑)는 좌정승(左政丞), 12대손 장수명(張壽命)은 공조판서를 지냈으며, 13대손 장려(張儷)는 우정승(右政丞) 화령백(花寧伯)에 올랐으나 왕에게 간언(諫言)을 하다가 의주목사(義州牧使)로 좌천되었다.

고려 말의 인물로는 장사길(張思吉)과 그의 아들 장철(張哲), 아우 장사정(張思靖)이 유명하다. 장사길(張思吉)은 이지란(李之蘭)을 도와 왜구를 물리치는데 공을 세웠으며, 이성계(李成桂)의 위화도 회군에 참여한 회군공신(回軍功臣)으로 조선개국공신 1등이 되어 화령군(花寧君)에 봉해졌다. 그 후 제1차 왕자의 난 때 이방원(李芳遠)을 도와 정사공신(定社功臣) 2등에 올랐고, 태종조에는 화산부원군(花山府院君)에 봉해졌다. 아들 장철(張哲)은 아버지 장사길과 함께 위화도 회군에 참여하여 조선 개국 후에 중추부원사(中樞府院事)가 되고, 1차 왕자의 난이 일어나자 이방원을 도운 공로로 정사

입석재사(入石齋舍). 대호군 장주(張住) 이하 후손의 재실.

공신 2등이 되어 화성군(花城君)에 봉해졌으며, 첨절제사(僉節制使)와 영흥부사(永興府使)에 올랐다.

한편 경당(敬堂) 장흥효(張興孝)는 일찍이 학봉(鶴峰) 김성일(金誠一), 서애(西厓) 유성룡(柳成龍), 한강(寒岡) 정구(鄭逑) 등의 문하에서 수학하여 인조조에 문명과 덕행으로 창릉 참봉(昌陵參奉)에 제수되었으나 단명하였으며, 그의 딸 정부인(貞夫人) 장씨(張氏)가 시서화(詩書畵)에 뛰어났고 부덕이 높아 칭송받았다. 화암(和庵) 장세량(張世良)은 돈암(遯菴) 선우협(鮮于浹) 문하에서 수학하였는데, 역학에 특히 밝아 주역에서는 역동(易東) 우탁(禹倬)에 견주어지기도 했으며, 벼슬에 나아가서는 선정(善政)을 베풀어 널리 칭송받았다.

그 밖에 장세호(張世豪)는 의주 서성 조방장(西城助防將)으로서 정묘호란 당시 순절했고, 장천용(張天用)은 영조조에 창성부사 겸 방어사(昌城府使兼防禦使)로서 변방 방어에 공을 세우고 동지중추부사(同知中樞府事)에 올랐으며, 순조조에 장몽열(張夢說), 장낙현(張洛賢) 부자는 홍경래(洪景來)의 난을 진압하는 데 공을 세우는 등 가문의 이름을 널리 알렸다.

경광서원(鏡光書院). 경당(敬堂) 장흥효(張興孝)를 모신 서원.

안동장씨(安東張氏)

통계청의 인구조사에 의하면 안동장씨는 1985년에는 총 15,086가구 64,814명, 2000년에는 총 25,552가구 83,961명이 살고 있는 것으로 조사되었다.

관향 안동(安東)의 연혁

안동(安東)은 본래 신라의 고타야군(古抒耶郡)인데, 경덕왕 때 고창군(古昌郡)으로 고쳤다.

고려조 태조가 안동(安東)으로 고쳐 부(府)로 삼았으며 성종은 길주자사(吉州刺史)로, 현종은 안무사(按撫使)로 개명(改名)하였는데 뒤에 다시 안동부(安東府)로 고쳤다. 명종 때 도호부(都護府)로, 신종 때 대도호부(大都護府)로 승격되었고 충렬왕 때 복주목(福州牧)으로 고쳤으나 공민왕 때 다시 안동대도호부(安東大都護府)로 만들었다.

조선조(朝鮮祖) 세조 때 진(鎭)을 두고 부사(府使)가 병마절도부사(兵馬節度副使)를 겸임하게 하였으나 곧 부사(府使)는 폐지하였다.

이후 변천을 거듭하다가 1895년 군(郡)이 되었고 1914년 예안군(禮安郡)을 병합하고 1995년 1월 1 일 안동군(安東郡)을 안동시(安東市)로 통합하여 오늘에 이르렀다.

세종실록지리지(世宗實錄地理志) : **안동 대도호부**(安東大都護府)

본래 고타야군(古陁耶郡)인데, 경덕왕이 고창군(古昌郡)으로 고쳤고, 고려 태조 13년 경인에 태조가 스스로 군사를 거느리고 후백제(後百濟)의 임금 견훤(甄萱)과 더불어 고창(古昌)에서 싸워 패배시켰는데, 고을 사람 김선평(金宣平), 권행(權幸), 장길

(張吉) 등이 태조를 도와 공이 있으므로, 선평은 대광(大匡)을, 행과 길은 각각 대상(大相)을 삼고, 그 고을을 안동부(安東府)로 승격시켰다. 뒤에 영가군(永嘉郡)으로 고쳤다가, 성종 14년 을미에 길주 자사(吉州刺史)로 고치고, 현종 3년 임자에 안무사(按撫使)로, 9년 무오에 지길주사(知吉州事)로 고쳤다가, 21년 경오에 다시 지안동부사(知安東府使)로 삼았다. 명종 계축년에 남적(南賊) 김삼(金三), 효심(孝心) 등이 주군(州郡)을 약탈하니, 국가에서 해마다 연달아 군사를 보내어 비로소 이를 토평(討平)하였는데, 본부(本府)에서 보좌(輔佐)한 공이 있기 때문에, 정사년에 도호부로 승격시켰다. 신종(神宗) 7년 갑자에 동경(東京)의 별초(別抄) 패좌(孛佐) 등이 무리를 모아 반란(叛亂)을 일으켰는데, 본부(本府)에서 이를 막아 깨뜨린 공이 있음으로써 대도호부로 승격시켰다가, 충렬왕 34년 무신에 복주목(福州牧)으로 고쳤고, 공민왕 10년 신축에 홍건적(紅巾賊)을 피하여 남쪽으로 순행하여 수레를 본부(本府)에 멈추었는데, 고을 사람들이 마음을 다해 공궤(供饋)하였으므로, 임인년에 다시 대도호부로 승격시켰다. 별호(別號)는 능라군(綾羅郡)이다. 속현(屬縣)이 8이니, 임하현(臨河縣)은 본디 고구려의 굴화군(屈火郡)인데, 신라에서 곡성군(曲城郡)으로 고쳤고, 고려에서 지금의 이름으로 고쳤다. 풍산현(豐山縣)은 본디 하지현(下枝縣)인데, 경덕왕이 영안현(永安縣)으로 이름을 고쳐서 예천군(醴泉郡)의 영현(領縣)을 삼았고, 고려에서 지금의 이름으로 고쳤다. 일직현(一直縣)은 경덕왕이 직녕현(直寧縣)으로 고쳐서 고창군(古昌郡)의 영현(領縣)을 삼았는데, 고려에서 다시 예전 이름으로 바꾸었다. 감천현(甘泉縣)은 신라 때의 칭호는 미상(未詳)이다. 위의 4현(縣)은 고려 현종 무오년에 모두 길주(吉州) 임내(任內)에 붙였다. 길안현(吉安縣)은 본디 길안 부곡(吉安部曲)인데, 뒤에 현(縣)으로 올렸다. 내성현(柰城縣)은 본디 퇴관 부곡(退串部曲)인데, 고려 충혜왕(忠惠王)이

고을 사람인 환자(宦者) 강금강(姜金剛)이 원(元)나라 조정에 들어가서 시위(侍衛)한 공로가 있기 때문에, 내성현(柰城縣)으로 승격시켰다. 춘양현(春陽縣)은 본디 가야향(加也鄕)인데, 고려 충렬왕 10년 갑신에 토인(土人)인 호군(護軍) 김인월(金仁軏)의 공(功)으로써 춘양현(春陽縣)으로 승격시켰다. 재산현(才山縣)은 본디 덕산 부곡(德山部曲)인데, 고려 충선왕이 경화 옹주(敬和翁主)의 고향인 까닭으로 올려서 재산현으로 만들었다. 부곡(部曲)이 3이니, 개단(皆丹), 소라(召羅), 소천(小川)이다.

청량산(淸涼山) 하지산(下枝山) 사방 경계는 동쪽으로 진보(眞寶)에 이르기 47리, 서쪽으로 기천(基川)에 이르기 62리, 남쪽으로 의성(義城)에 이르기 34리, 북쪽으로 춘양(春陽)을 넘어 순흥(順興) 경계에 이르기 94리이다.

본부(本府)의 호수는 8백 47호, 인구가 3천 3백 20명이며, 임하(臨河)의 호수는 3백 23호, 인구가 1천 9백 단(單) 5명이요, 풍산(豐山)의 호수는 2백 82호, 인구가 1천 39명이며, 일직(一直)의 호수는 72호, 인구가 83명이요, 길안(吉安)의 호수는 44호, 인구가 1백 63명이며, 감천(甘泉)의 호수는 1백 62호, 인구가 5백 24명이요, 내성(柰城)의 호수는 83호, 인구가 3백 71명이며, 춘양(春陽)의 호수는 42호, 인구가 1백 단(單) 5명이요, 재산(才山)의 호수는 32호, 인구가 1백 57명이다. 군정(軍丁)은 시위군(侍衛軍)이 1백 13명, 진군(鎭軍)이 2백 41명, 선군(船軍)이 5백 6명이다.

본부(本府)의 토성(土姓)이 7이니, 권(權), 김(金), 강(姜), 조(曺), 장(張), 고(高), 이(李)이요, 내성(來姓)이 2이니, 우(禹), 곽(郭)이며, 촌성(村姓)이 1이니, 조(趙)이다. 임하(臨河)의 성이 4이니, 윤(尹), 이(李), 전(全), 신(申)이요, 내성(來姓)이 1이니, 화(華)이다. 풍산(豐山)의 성이 5이니, 김(金), 임(林), 유(柳), 홍(洪), 강(康)이요, 내성이 2이니, 권(權), 민(閔)이다. 일직(一

直)의 성이 6이니, 임(任), 손(孫), 김(金), 노(盧), 전(田), 한(韓)이요, 감천(甘泉)의 성이 5이니, 이(李), 김(金), 전(全), 문(文), 조(趙)이며, 속성(續姓)이 2이니, 장(張), 최(崔)이다. 춘양(春陽)의 성이 2이니, 정(鄭), 윤(尹)이요, 길안(吉安)의 속성(續姓)이 3이니, 김(金), 임(林), 박(朴)이다. 내성(柰城), 재산(才山), 소천(小川), 개단(皆丹)의 속성(續姓)이 각각 1이니, 모두 윤(尹)이며, 소라(召羅)의 속성(續姓)이 1이니, 엄(嚴)이다. 인물(人物)은 문하 시중(門下侍中) 상락공(上洛公) 충렬공(忠烈公) 김방경(金方慶), 도첨의 우정승(都僉議右政丞) 문탄공(文坦公) 권한공(權漢公), 첨의정승(僉議政丞) 계림군공(鷄林郡公) 정헌공(正獻公) 왕후(王煦), 영의정부사(領議政府事) 상락 부원군(上洛府院君) 익원공(翼元公) 김사형(金士衡), 의정부 찬성사(議政府贊成事) 길창군(吉昌君) 문충공(文忠公) 권근(權近)이다.

땅이 메마르고, 풍속은 근검(勤儉)하여 농상(農桑)에 힘쓴다. 간전(墾田)이 1만 1천 2백 83결이다. 토의(土宜)는 벼, 기장, 조, 메밀, 콩, 뽕나무, 삼[麻], 왕골[莞]이며, 토공(土貢)은 꿀, 밀[黃蠟], 칠, 설면자(雪緜子), 송이버섯, 잣, 지초, 은구어(銀口魚), 종이, 자리, 여우가죽, 삵가죽, 노루가죽이요, 약재(藥材)는 황금(黃芩), 오미자, 백복령(白茯苓), 원지(遠志), 인삼(人蔘)이다. 토산(土産)은 사철(沙鐵)이 임하현 북쪽 사등라리(沙等羅里), 목곡리(木谷里) 등지에서 난다.

읍 석성(邑石城) 청량산 석성(淸涼山石城) 영호루(映湖樓) 역(驛)이 7이니, 안기(安奇), 옹천(甕泉), 금소(琴召), 송제(松蹄), 안교(安郊), 신역(新驛), 유동(幽洞)이다. 봉화가 7곳이니, 남산(南山)은 부(府) 남쪽에 있다. 신석산(申石山) 약산(若山) 감곡(甘谷) 남산(南山)은 풍산현 남쪽에 있다. 개목(開目) 봉화점(烽火岾)은 내성현 남쪽에 있다.

분파(分派)와 파조(派祖)

안동장씨는 크게 대호군파(大護軍派), 희천공파(熙川公派), 화성군파(花城君派), 영장공파(營將公派)로 분파하였다.

대호군파(大護軍派)

파조 장주(張住)는 시조 태사 충헌공 장정필(張貞弼)의 15대손으로 희양공(僖襄公) 장사길(張思吉)의 장남이며, 조선조에 대호군(大護軍)을 역임하였다. 손자 대(代)에서 사직공파, 희천공파, 정랑공파로 분파하였다.

사직공파(司直公派)의 파조 장연조(張連祖)는 시조 태사 충헌공 장정필(張貞弼)의 17대손으로 부호군(副護軍) 장자은(張自殷)의 아들이며, 부사직(副司直)을 지냈다.

희천공파(熙川公派)의 파조 장서(張瑞)는 시조 태사 충헌공 장정필(張貞弼)의 15대손으로, 희양공(僖襄公) 장사길(張思吉)의 2남이며, 태조조에 문과에 올라 희천 군수(熙川郡守)를 지냈다.

정랑공파(正郎公派)의 파조 장우(張佑)는 시조 태사 충헌공 장정필(張貞弼)의 17대손으로 부사직(副司直) 장자경(張自敬)의 아들이며, 기자전 참봉(箕子殿參奉)을 거쳐 호조정랑(戶曹正郎)을 지냈다.

화성군파(花城君派)

파조 장양공(莊襄公) 장철(張哲)은 시조 태사 충헌공 장정필(張貞弼)의 15대손으로, 희양공(僖襄公) 장사길(張思吉)의 3남이며, 태조조에 문과에 올라 안동 부윤(安東府尹)을 지냈다. 정종조에 태종을 도운 공으로 정사공신(定社功臣) 2등에 녹훈되고 화성군(花城君)에 봉해졌으며 가정대부(嘉靖大夫)에 올랐고, 중추원부사(中樞院副使) 겸 도평의사사(都評議使司)를 거쳐 첨절제사(僉節制使), 영흥부사(永興府使) 등을 두루 지냈다. 후손들은 목사공파, 참봉공파, 부사공파, 수찬공파, 야옹공파, 현감공파, 진사공파, 생원공파로 분파하였다.

목사공파(牧使公派)의 파조 장선충(張選忠)은 시조 태사 충헌공 장정필(張貞弼)의 17대손으로 광주목사(光州牧使)를 지낸 장치경(張致卿)의 2남이며, 세종조에 진주 목사(晋州牧使)를 거쳐 공조 참의를 지냈다.

참봉공파(參奉公派)의 파조 장순(張順)은 시조 태사 충헌공 장정필(張貞弼)의 17대손으로 충의위(忠義衛) 장천경(張天卿)의 장남이며, 기자전 참봉(箕子殿參奉)을 지냈다.

부사공파(府使公派)의 파조 장원경(張原卿)은 시조 태사 충헌공 장정필(張貞弼)의 16대손으로 장양공(莊襄公) 장철(張哲)의 3남이며, 가선대부 철원부사(鐵原府使)에 오르고, 원종공신(原從功臣)에 녹훈되었다.

수찬공파(修撰公派)의 파조 장희경(張希卿)은 시조 태사 충헌공

상곡재사(上谷齋舍). 희양공(僖襄公) 장사길(張思吉)의 재실.

장정필(張貞弼)의 16대손으로 장양공(莊襄公) 장철(張哲)의 4남이며, 순안 현감(順安縣監)을 거쳐 수찬(修撰)을 지냈다.

야옹공파(野翁公派)의 파조 장운강(張雲綱)은 시조 태사 충헌공 장정필(張貞弼)의 17대손이며, 수찬(修撰) 장희경(張希卿)의 2남이다.

현감공파(縣監公派)의 파조 장중강(張仲綱)은 시조 태사 충헌공 장정필(張貞弼)의 17대손이며 수찬(修撰) 장희경(張希卿)의 3남이며, 여절교위(勵節校尉), 사도시 첨정(僉正), 기장 현감(機張縣監) 등을 역임하였다.

진사공파(進士公派)의 파조 장중익(張仲翼)은 시조 태사 충헌공 장정필(張貞弼)의 17대손으로 수찬(修撰) 장희경(張希卿)의 4남이며, 진사시에 합격하였다.

생원공파(生員公派)의 파조 장중손(張仲孫)은 시조 태사 충헌공 장정필(張貞弼)의 17대손으로 수찬(修撰) 장희경(張希卿)의 5남이며, 사마시에 합격하였다.

영장공파(營將公派)

파조 장한겸(張漢謙)은 시조 태사 장정필(張貞弼)의 17대손으로 부호군(副護軍) 장귀인(張貴仁)의 아들이며, 공주 영장(公州營將)을 역임하였다.

세계(世系)와 항렬(行列)

세계도(世系圖)

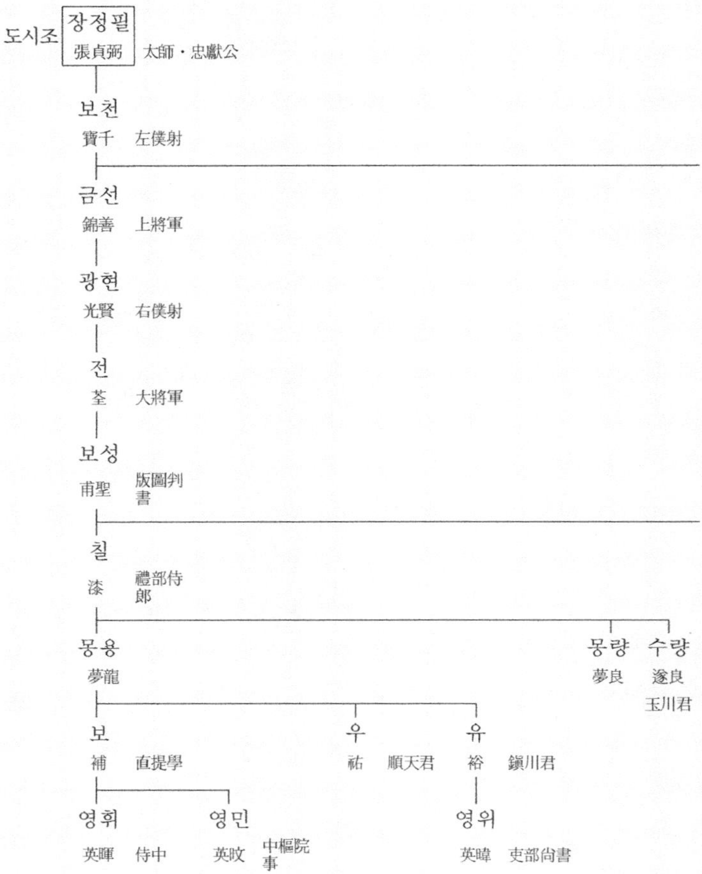

안동장씨(安東張氏)

금용 錦用 (版圖判書)

- 지현 之賢 (翰林學士)
  - 효익 孝翼 (玉山君)
  - 응익 應翼 (江華君)
  - 순익 順翼 (丹陽君)
  - 선익 善翼 (興陽君)
  - 말익 末翼 (蔚珍君)
- 지선 之善 (上將軍)

연 淵 (匡靖大夫)
|
광유 光儒 (大將軍)
|
진 震 (典理判書)
|
천우 天佑 (都漆署令)

항렬표(行列表)

세	항 렬 자	세	항 렬 자
31	載(재)·奎(규)·基(기)	32	善(선)·鎭(진)
33	泰(태)·演(연)·潤(윤)	34	柱(주)·秉(병)·東(동)·植(식)
35	勳(훈)·燮(섭)	36	玹(현)·基(기)·周(주)
37	鎔(용)·鎭(진)·鐘(종)	38	洙(수)·永(영)
39	來(래)·根(근)	40	烈(열)·燁(엽)·煥(환)·薰(훈)
41	孝(효)·壽(수)·志(지)·圭(규)	42	鍾(종)·鉉(현)·鍊(동)
43	永(영)·澤(택)·淵(연)	44	相(상)·相(상)·東(동)
45	煥(환)·燁(엽)·炳(병)	46	基(기)·在(재)·垠(은)
47	鎬(호)·鈂(침)·鍾(종)	48	漢(한)·洛(락)
49	柱(주)·模(모)	50	燦(찬)·東(동)
51	均(균)·時(시)	52	鎔(용)·鈺(옥)
53	準(준)·澈(철)	54	根(근)·秀(수)

역대 주요 인물

장보천(張寶千)

자는 문숙(文叔).
고려조에 이부상서(吏部尙書), 좌복야(左僕射)를 역임하였다.

장금선(張錦善)

초명은 서(緖), 자는 장보(章報).
고려조에 상장군(上將軍)을 지냈다.

장금용(張錦用)

초명은 기일(紀一), 자는 명세(明世).
고려조에 판도판서(版圖判書)를 거쳐 평장사(平章事)에 이르렀다.

장광현(張光賢)

자는 희성(希聖).
고려조에 문하시중(門下侍中) 우복야(右僕射)를 지냈다.

장지현(張之賢)

자는 군망(君望), 호는 송계(松溪).
고려조에 시랑(侍郞)을 역임하였다.

장 전(張 筌)

자는 영수(英秀).
고려조에 신호위대장군(神號衛大將軍)을 지냈다.

장보성(張甫聖)
자는 인성(仁盛).
고려조에 판도판서(版圖判書)를 역임하였다.

장　칠(張　漆)
자는 청지(清之).
고려조에 예부시랑(禮部侍郎)을 역임하였다.

장몽룡(張夢龍)
자는 재전(在田).
고려조에 문종 때 문하시랑(門下侍郎)을 지냈다.

장　보(張　補)
자는 산보(山甫), 호는 화천(花川).
고려조에 개성윤(開城尹)을 거쳐 보문각 직제학(寶文閣直提學)을 역임하였다.

장영민(張英旼)
자는 광여(光汝).
고려조에 중추원사(中樞院使)를 지내고 청송군(青松君)에 봉해졌다.

장영휘(張英暉)
자는 은명(殷明).
고려조에 예의판서(禮儀判書), 중추원사(中樞院使)를 거쳐 문하좌시중(門下左侍中)에 이르렀다.

장영위(張英暐)
자는 광옥(光玉).
고려조에 이부상서(吏部尙書), 평장사(平章事)를 역임하였다.

장　찬(張　贊)
자는 성좌(聖佐).
고려 의종조에 봉익대부(奉翊大夫)로 평장사(平章事)를 지냈다.

장양우(張良佑)
자는 지능(知能), 호는 학림(鶴林), 시호는 문효(文孝).
고려조에 문하평리(門下評理), 좌정승(左政丞)을 역임하였다.

장수명(張壽命)
자는 성전(性全).
고려 고종 9년(1222) 문과(文科)에 급제하여 정헌대부(正憲大夫)로 공조판서(工曹判書)를 지냈다.

장기원(張基元)
고려조에 좌시중(左侍中)을 지냈다.

장　여(張　儷)
충렬왕 20년(1294)~공민왕 4년(1355). 자는 시유(時有).
충숙왕 10년(1323) 문과에 올라 예의판서(禮儀判書) 문하우정승(門下右政丞)을 지낼 때 왕에게 충간하다 뜻을 거스른다 하여 의주목사(義州牧使)로 좌천되었다.
우왕 14년 (1388) 이성계가 압록강 위화도에서 회군할 때 자신의

희양공(僖襄公)
장사길(張思吉)의 묘소.

큰아들 장사길(張思吉)과 넷째 아들 장사정(張思靖) 그리고 장사길의 아들 장철을 회군(回軍)하도록 하였다.

그의 부인은 경창택주 (慶昌宅主) 곡산강씨(谷山康氏) 상산부원군(象山府院君) 강윤성(康允成)의 딸로 태조 이성계의 비였던 신덕왕후(神德王后) 강비와 자매간이니 태조와는 동서간이 된다. 그는 조선조에 관직에서 떠나고 의주에 남아 살다가 세상을 떠났다.

장희주(張希冑)

고려조에 신호위대장군(神號衛大將軍)을 역임하였다.

장사길(張思吉)

충혜왕 복위 3년(1341)~태종 18년(1418). 자는 창만(昌萬), 호는 복재(復齋), 시호는 희양(僖襄). 안동에서 북방으로 이거하여 의주 만호(萬戶)가 된 장열(張烈)의 아들.

목은(牧隱) 이색(李穡) 문하에서 수업하여 일찍 학문을 이루었으니, 그의 호 복재(復齋)는 목은 선생이 지어 준 것이다. 공민왕조에 문과에 올라 밀직부사에 이르렀다. 그 무렵 화령백이 충성스런 간언으로 왕의 뜻을 거스른다하여 의주 목사로 좌천되었는데, 그도 벼슬을 버리고 아버지를 따라 의주로 내려가서 학당을 세워 사람들을 교육시켰다. 우왕 14년(1388)에 요동 공략을 위해 이성계와 조민수가 이끄는 대군이 북상하던 중 위화도에서 회군하였을 때 참여하여 회군 공신이 되었다. 태조 1년(1392) 아우 장사정(張思靖)과 함께 이성계를 추대하여 개국공신(開國功臣) 1등에 봉해지고 지중추원사(知中樞院事)로서 의흥친군위동지절제사(義興親軍衛同知節制事)를 겸하여 이성계의 친병(親兵)을 통솔하였다.

이듬해 황해도의 문화, 영녕(永寧)에 침입한 왜구를 물리쳤으며, 태조 7년(1398) 왕자의 난 때에는 이방원(李芳遠)을 도와 정사공신(定社功臣) 2등으로 영가군(永嘉君)에 봉해진 뒤 판공조사(判工曹事), 의흥삼군부우군절제사(義興三軍府右軍節制使) 등을 거쳐 다시 화산군(花山君)에 봉해졌다. 태종조에 우군총제(右軍摠制), 참찬의정부사(參贊議政府事) 등을 두루 지낸 뒤 화산부원군(花山府院君)에 진봉되어 관직에서 물러났다.

용맹하고 병략(兵略)에 뛰어나 의주 토호의 반란을 진압시켰으며, 의주에서 여연(閭延)에 이르는 압록강 연안 땅을 조선 영토로 편입시키는데 공을 세웠다.

장사신(張思信)
조선조에 대호군(大護軍)을 지냈다.

장사충(張思忠)
조선조에 총관(摠管)을 역임하였다.

장사익(張士益)
시호는 정효(靖孝).

조선조에 진안군(鎭安君)에 봉해졌다.

장 주(張 住)

조선조에 대호군(大護軍)을 역임하였다.

장 서(張 瑞)

조선조에 군수(郡守)를 지냈다.

장신철(張臣哲)

공민왕 7년(1358)~세종 12년(1430). 호는 석계(石溪), 시호는 정간(貞簡).

진사에 합격하고 문과에 급제하여 여러 벼슬을 거쳐 인령부 좌사윤(仁寧府左司尹), 진현관 대제학(進賢館大提學)에 이르렀다. 고려가 망하고 조선이 개국하자 산에 들어가 두문불출하였다. 조선이 그의 충절과 경륜을 높이 사 여러 차례 불렀으나 나가지 않았다. 세종이 그의 아들을 불러 벼슬하도록 하니 아들이 문과에 급제하였는데, 그가 조선 조정에 출사하라 허락하였다. 후에 나라에서 대광보국숭록대부 의정부 좌의정 겸 영경연춘추관홍문관사(大匡輔國崇祿大夫議政府左議政兼領經筵春秋館弘文館事)를 증직하고 예성군(禮城君)에 봉하고 시호(諡號)를 정간(貞簡)으로 내렸다.

장원록(張元祿)

우왕 2년(1376)~세종 27년(1445). 호는 정재(靖齋), 시호는 장경(章景).

통헌대부 예조판서(通憲大夫禮曹判書)를 지내고 충적덕보조공신

(忠積德補祚功臣)에 녹훈되고, 대광보국승록대부 의정부 영의정 겸영경연홍문관예문관사(大匡輔國崇祿大夫議政府領議政兼領經筵弘文館藝文館事)에 증직되었으며 예성부원군(禮城府院君)에 봉해졌다.

학문에 힘써 일찍 대성하였다. 고려가 망하고 조선을 개국하자 세상일에 관심을 끊고 충절을 지켰다. 세종조에 여러 번 조정에서 세종 11년(1429) 마침내 나아가 문과에 장원 급제하여 정랑을 지냈다. 경암(敬菴) 허조(許稠), 방촌(厖村) 황희(黃喜) 등의 새 왕조의 재상들과 교유가 있었다.

장사정(張思靖)

생졸년 미상. 의주 만호(萬戶) 장열(張烈)의 아들이며, 화산부원군(花山府院君) 장사길(張思吉)의 아우.

태조 1년(1392) 개국공신으로 대장군(大將軍)으로 등용되고, 태조 6년(1397) 중추원부사(中樞院副使)에 임용되었다가 조전절제사로 전임되어 풍해도(豊海道) 서북 연해에서 노략질을 일삼는 많은 왜구를 격퇴하고 사로잡았다. 이듬해 상의중추원사(商議中樞院事)로 있으면서 이방원(李芳遠)을 도와 왕자의 난에 협력하여 정사공신(政社功臣) 2등에 책록되고 화성군(花成君)에 봉(封)해졌으며, 태종 11년(1411) 성절사(聖節使)가 되어 명나라에 다녀왔다.

장 철(張 哲)

?~정종 1년(1399). 시호는 장양(莊襄). 의주 만호 장열(張列)의 아들.

우왕 14년(1388) 만호(萬戶)로 있을 당시 이성계(李成桂)를 따라 요동 정벌에 나섰다가 위화도 회군에 가담하여 조선 개국에 기여하였다. 태조 7년(1398) 중추원부사(中樞院副使)가 되고 그해 이방원

장양공 장철(張哲)의 망배단.

을 도와 방석의 난을 평정하는데 협력한 공으로 정사공신(定社功臣) 2등에 책록되고, 가정대부(嘉靖大夫) 동지중추원사(同知中樞院事) 도평의사사(都評議使司)에 올랐다.

태조가 정종에게 양위하고 함경도 함흥에 은거하니 그가 정종의 명을 받고 사신으로 함흥으로 가서 회어(回御)하기를 간하였으나 태조가 그를 돌려보내지 않고 옆에 머물게 하였다. 태종이 즉위하고 수차 사신을 보내어 회어하기를 간절히 비니 풍양(豊壤)의 신궁(新宮)로 돌아오자 이때 그가 정성을 다하여 대가(大駕)를 호종(扈從) 하는 등 태조의 총애를 받았다.

화성군(花城君)에 봉해지고, 이후 영흥부사(永興府使)로 내려갔는데, 1408년에 태조가 승하하자 상왕의 은총을 생각해서 슬퍼하다가 병이 악화되어 세상을 떠났다.

장용일(張龍釖)

태조 2년(1393)~단종 1년(1453). 호는 설당(雪堂).

세종 1년(1419) 음보로 개성교수(開城教授)에 제수되었다. 세종 15년(1433) 북방 오랑캐들이 자주 북경을 침입하여 소란을 피우자 세종이 절재(節齋) 김종서(金宗瑞)에게 두만강 주변의 여섯 성을 개척하여 북방을 안정시키도록 하였다. 이때 그는 김종서의 종사관(從事官)으로 출병하여 4진(鎭)을 되찾고 장성(長城)을 쌓는 일에 공을 세워 세종 21년(1439)에 경기도 수군절도사(水軍節度使)에 제수되었고, 삼도통어사(三道統禦使)를 지냈다. 우의정 황보인(皇甫仁)의 천거로 호조판서가 되었으나 수양대군이 계유정난을 일으켜 고명대신들을 참살할 때 화를 입었다.

장한필(張漢弼)

생졸년 미상.

성종 23년(1492) 무과에 급제하여 성종 25년(1494)에 부장(部將)이 되고 연산군 1년(1495) 훈련원 판관에 올랐다. 연산 2년(1496)에 북청부사(北青府使)를 배수하였다.

장 항(張 沆)

중종 18년(1523)~선조 12년(1579). 자는 국한(國翰), 호는 죽당(竹堂).

중종 35년(1540) 18세에 정시(庭試) 무과(武科)에 급제하여 명종 2년(1547) 용양위장(龍驤衛將)에 제수되었다. 명종 10년(1555) 왜인들이 도수산(圖壽山)으로 쳐들어오자 수백 인을 모아 이끌고 분전하여 많은 적을 시살했다. 유고(遺稿)를 남겼으며 정헌대부 한성부판윤 겸 지의금부사 오위도총 부총관(正憲大夫漢城府判尹兼知義禁府事五衛都摠府總管)에 증직되고, 현종 15년(1674)에 복호(復戶)되었다.

장 핵(張 翮)

명종 4년(1549)~선조 26년(1593). 자는 운장(雲長). 천안 출신.

선조 16년(1583)에 무과에 급제하여 수문장을 지냈다. 임진왜란이 일어나 왜적이 경기도 소사(素沙)로 침입하여 밀려들어오자 의병을 일으켜 죽산(竹山)과 진천(鎭川)에서 적을 9회나 크게 물리쳤다. 선조 26년(1593) 왜적과 싸우다 힘이 다하여 전사했다. 숙종 32년(1706)에 충절로 정려(旌閭)를 내리고 가선대부 병조참판 의금부사(嘉善大夫兵曹參判義禁府事)를 추증하였다.

장치경(張致卿)

조선조에 목사(牧使)를 역임하였다.

장진충(張進忠)

조선조에 군수(郡守)를 지냈다.

장한공(張漢公)

조선조에 목사(牧使)를 역임하였다.

장갑규(張甲奎)

조선조에 부호군(副護軍)을 지냈다.

장흥효(張興孝)

명종 19년(1564)~인조 11년(1633). 자는 행원(行原), 호는 경당(敬堂). 안동(安東) 금계리(金溪里) 출신. 장이무(張以武)의 증손, 장흡(張翕)의 손자, 장팽수(張彭壽)의 아들.

나이 12세에 학봉(鶴峯) 김성일(金誠一)에게 배웠는데, 이(理)를 밝히고 몸을 닦는 것을 학문의 요체로 삼아 소학과 근사록의 공부에 한결같이 전념했을 뿐 영달에는 관심을 두지 않았다.

학봉이 그를 칭찬하기를, "이 사람의 배움은 정력(定力)이 있으니 후일 크게 성취하는 바가 있을 것이다. 나의 문생 가운데 이와 같은 인재를 얻으니 자랑스럽다."고 하였다.

29세 때인 선조 26년(1593)에는 양친 상을 당했으며, 33세 때에는 다시 서애(西厓) 유성룡(柳成龍)의 문하를 찾아가 제자가 되었다. 한 번은 한밤중에 스승을 모시고 등불을 마주보며 '이(理)'자를 논한 적이 있었는데, 서애가 등불을 가리키며 말하기를, "불의 허(虛)한 곳이 이(理)인가?"라고 묻자 그가 대답하기를, "허(虛)는 실(實)의 대(對)가 되는데, 이(理)에는 대(對)가 없으니 허(虛)로써 이(理)를 삼을 수는 없는 듯합니다."라고 하였다. 이에 서애가 응하여 말하기를, "허(虛)에는 허(虛)의 이(理)가 있고, 실(實)에는 실(實)의 이(理)가 있다."라고 하였다.

또한 그는 '희노애락(喜怒哀樂)의 미발(未發)'과 '고요한 가운데서도 모름지기 물(物)이 존재한다'는 논리를 하나의 학설로 완성하여 한강 정구(鄭逑)에게 반복하여 변론한 적이 있었는데, 한강은 그의 학문이 심득(心得)한 것이 있음을 알고 깊이 탄복하였고 서로 알게 된 것이 늦었음을 탄식할 정도였다고 한다.

37세 때는 경광서당의 당장으로 부임하였다. 그는 문인들에게 인사하는 법과 예절을 먼저 배우도록 가르쳤으며, 다음에는 사람됨이 진실하고 신의가 있어야 한다는 점을 강조하면서 스스로를 속이는 일이 없도록 해야 한다는 것을 깨우치게 하는 등 수신(修身)을 특히 중시하였다. 뿐만 아니라 각자의 재능에 맞추어 공부의 진도를 차등 있게 나누어 가르치는 능력별 교수법을 실시하였으며, 가르칠 때는 반드시 한 글자 한 글자 자세하게 풀이해주고, 한 구절 한 구절을 성실하게 가르쳐 한 구절일지라도 그냥 넘어가는 일이 없도록 철저함을 기하였다고 전해진다.

그는 이처럼 학문적인 방면에 오로지 자신의 정력을 쏟았을 뿐,

관직에 대해서는 별로 관심이 없었으니, 인조 11년(1633) 봄에 내려진 창릉참봉(昌陵參奉)이라는 관직이 유일했다. 이것마저도 능참봉에 제수하는 임금의 은명(恩命)이 미처 당도하기 전에 세상을 떠나고 말았으니, 이때 그의 나이가 70세였다.

그의 사후 수 십 년 뒤, 안동의 사림들이 경광서원에 편액(扁額)을 하사해줄 것을 요청하여 사액(賜額)이 내려졌고, 이때 사헌부지평(司憲府持平)이라는 벼슬이 추증되었다.

경당집(敬堂集)

경당 장흥효의 문집. 활자본. 4권 2책. 1818년(순조 18) 성곡재사(城谷齋舍)에서 간행하였다. 4권 중 원집(原集) 2권은 저자의 외손(外孫) 이휘일(李徽逸)이 편집한 것인데, 권1은 시(詩), 부(賦), 사(辭), 소(疏), 서(書), 답문(答問), 증언(贈言), 제문(祭文), 잡저(雜著), 권2는 일기요어(日記要語), 일원소장도(一元消長圖)이고, 부록으로 행장(行狀), 언행록(言行錄), 묘지(墓誌), 봉안제문(奉安祭文), 상향축문(常享祝文) 및 저자의 동생 흥제(興悌)의 시 4수가 수록되어 있다. 책머리에는 권유(權愈)의 서(序)와 목록, 책 끝에는 이현일(李玄逸)의 발(跋)이 실려 있다. 속집(續集) 2권은 후손 장세규(張世奎) 등이 수집하고 유범휴(柳範

경광서원(鏡光書院). 경당 장흥효(張興孝)를 모신 서원

休)가 편집한 것으로, 권1은 시, 서, 제문, 잡저이고 권2는 부록으로서 만사, 제문, 묘갈명 등이 실려 있다. 책머리에 김굉(金㙆)의 서와 유범휴의지(識)가 있다.

경당일기(敬堂日記)

경당일기(敬堂日記)

경당 장흥효 선생은 거의 평생 일기를 써 온 것으로 알려져 있는데, 그 기록들을 수습할만한 자제가 없어서 많은 부분이 유실되고 지금은 총 2권이 남아 있다.

광해 6년(1614) 50세에서 광해 10년(1618) 54세까지와 광해 11년(1619) 55세에서 인조 3년(1625) 61세까지의 기록이 그것이다. 이것을 선생의 5대손인 칠계재(七戒齋) 장세규(張世奎)가 1852년에 당시까지 전해 온 일기를 모아 3권으로 편집하였다. 현 종손의 증언에 따르면, 先代 종손인 장석기(張碩基) 때까지 상권이 남아 있어서 총3권의 일기가 전해왔으나, 상권을 집안 어른 누군가에게 빌려준 뒤 분실되었다고 한다. 이 경당일기는 개인의 삶의 기록일 뿐만 아니라 당시의 민중생활사를 잡다하게 모두 포함하고 있어 그 자료적 가치가 매우 높다.

광풍정(光風亭)과 제월대(霽月臺)

천등산 남쪽 서후면 금계리, 거대한 자연 암석 아래에 있는 정자로 1630년대에 경당 선생이 초당(草堂)으로 지어 300여 문인에게 강학(講學)하던 유서 깊은 곳이다. 이 광풍정과 제월대는 경당이 돌아가신 후 30여 년 뒤 없어졌다가, 헌종 4년(1838) 유림들이 뜻을 모아 다시 지었고 중간에 보수를 해오면서 오늘에 이르고 있다.

경당 선생은 광풍정 뒤편의 암벽을 제월대(霽月臺)라 명명했는데, 이는 송나라 황정견(黃庭堅)이 북송의 대 성리학자 주돈(周敦)의 인품을 형용하여 "가슴속의 맑고 깨끗함이 광풍제월(光風霽月 : 화창한 날씨의 바람과 비 갠 뒤의 달이란 뜻으로, 깨끗하고 맑은 마음을 비유)과 같다"라는 구절에서 따온 것이라 전한다.

정면 3칸 측면 2칸의 팔작지붕집이다. 지대의 경사가 심해 건물의 몸체만 기단 위에 올라앉아 있고, 계자(鷄子) 난간을 두른 마루 부분은 기단 바깥으로 돌출된 특이한 구조이다. 왼쪽 뒤쪽으로 2칸 방, 그 앞쪽에 1칸 방을 두었고 앞은 마루이다. 따라서 건물의 전면 왼쪽 모서리에서 오른쪽 뒷면 모서리까지 대각선을 그어보면 방 두 개의 모서리와 만나는 대각선대칭의 평면구성을 하였다. 지형적인 환경요인을 적절히 받아들인 건물로 건축사적으로 주목된다.

광풍정 뒤로 거대한 자연 암벽 제월대(霽月臺)의 제월이란 광풍제월(光風霽月)의 줄임 말로써 '부단한 자기 수양을 통해 본래의 깨끗한 마음을 회복한다' 는 의미를 담고 있다. 능주 목사를 지낸 김진화가 바위 표면에 "경당선생제월대"라는 휘호를 남겼다.

광풍정(光風亭)과
제월대(霽月臺).

안동장씨(安東張氏)

장　영(張　嶸)

자는 중보(仲甫), 호는 송림(松林).
조선조에 찰방(察訪)을 지냈다.

장중인(張仲仁)

조선조에 좌승지(左承旨)를 역임하였다.

장중효(張仲孝)

조선조에 목사(牧使)를 지냈다.

장두팔(張斗八)

조선조에 부총관(副摠管)을 역임하였다.

장천도(張天道)

명종 13년(1558)~?. 호는 사재(思齋).

선조 22년(1589) 유일(遺逸)로 천거되어 현릉참봉(顯陵參奉)이 되었으며 성균관사 겸 승정원 우승지(成均館司兼承政院優勝指)에 올랐다. 효성과 우애가 깊었다. 부친상에 예법에 따라 장례를 치르고 3년간 여묘(廬墓)를 하였는데 슬퍼함이 지나쳐 피골이 상접할 정도였다. 또 모친상을 당해서도 부친상 때와 똑같이 정성을 다해 상례를 치르고 3년간 여묘를 하였다.

경사(經史)에 두루 통하였으나 광해군 때 언사(言事)가 거슬려 정인홍(鄭仁弘)으로부터 배척되어 산림에서 생을 마쳤다. 현종 15년(1674) 복호(復戶)되었다.

장한(張漢)의 처 전주이씨(全州李氏)

?~인조 15년(1637). 장핵(張翮)의 손자인 장한(張漢)의 처.

부인 전주이씨(全州李氏)는 자랄 때부터 부모에게 효도하고 말씀을 거스르는 경우가 없었으며, 출가(出家)하여서도 그러한 마음과 행실에 변함이 없었다. 시가(媤家)가 몹시 가난하여 십여 년 동안 머리카락을 잘라서 내다 팔아 쌀을 사서 봉양하였으나 시부모는 이를 알지 못하고 이웃사람만이 알고 효부(孝婦)라 칭찬하였다. 남편이 병에 걸려 위급하니 밤마다 여섯 번씩 목욕하고 정성을 다하여 빌었더니 삼일 만에 부군의 병이 다 나았다.

병자호란이 일어나자 부인은 시부모와 남편을 따라 목천(木川) 흑성산(黑城山)의 굴속에 숨었는데, 아이가 울자 소리가 새어나가지 못하도록 입을 막으니 아이가 곧 죽었다. 적이 침범하여 남편을 칼로 찌르려 하니 부인이 용감히 대항하였다. 적군이 이씨를 결박하여 말에 태우려 하자 항거하다 말에서 떨어졌다. 부인은 적군과 실랑이하며 시부모와 남편도 도피하여 은신할 수 있도록 시간을 지체한 후에 패도를 꺼내어 자결하였다.

인조 15년(1637) 열행(烈行)으로 정려(旌閭)가 내려졌다.

장천익(張天翼)

선조 34년(1601)~숙종 9년(1683). 자는 여원(汝元), 호는 국재(菊齋).

인조 2년(1624) 무과에 급제하여 좌부장(左部將)을 거쳐 훈련원 주부, 선전관, 평릉도 찰방(平陵道察訪), 노강 첨사(老江僉使), 함평현감 등을 역임하였다. 숙종 원년(1675)에 가선대부에 오르고 자헌대부로 승계하여 판중추부사에 증직되었다.

장승업(張承業)

?~인조 5년(1627). 자는 계선(繼先). 화산부원군(花山府院君) 장사길(張思吉)의 후손.

임진왜란이 일어나자 종숙(從叔) 장홍수(張鴻壽)와 더불어 창의하여 의병을 이끌고 금천(金川) 저탄(楮灘)에서 수 백 명의 왜적을 익사시키고 참살하였다. 이 공으로 고산리(古山里) 첨사에 제수되고 그 후 부산 첨사를 지냈다.

광해군 때에 강홍립 장군을 따라 후금을 토벌하기 위해 출병하였다가 인조 5년(1627) 정묘호란 때에 순절하였다. 병조참판에 증직되고 화릉군(花陵君)에 봉군되었으며, 의주 구암사(龜岩祠)에 향사되었다.

장승조(張承祚)

조선조에 첨정(僉正)을 역임하였다.

장홍수(張鴻壽)

자는 세기(世器).
조선조에 첨정(僉正)을 지냈다.

장세호(張世豪)

?~인조 5년(1627). 자는 공준(公俊). 장윤(張崙)의 아들.

인조 5년(1627) 정묘호란으로 후금의 군대가 의주를 통과할 때 전 훈련원 첨정으로 의주 서성(西城)의 조방장에 임명되어 문상례(文尚禮), 장덕형(張德亨), 백원의(白元義) 등과 함께 의주를 방어하였다. 그러나 중과부적으로 성이 함락되자 적진으로 돌진하여 수많은 적을 물리치고 전사하였다. 그의 충절을 포상하여 훈련원 도정(都正)을 증직하고 구암사(龜巖祠)에 제향되었다.

장시설(張時說)
자는 필남(弼南).
조선조에 현감(縣監)을 역임하였다.

장제한(張齊翰)
자는 기경(起卿), 호는 소파(小坡).
조선조에 정언(正言)을 역임하였다.

장운익(張雲翼)
조선조에 현감(縣監)을 지냈다.

장시강(張時綱)
조선조에 좌윤(左尹)을 지냈다.

장연철(張然哲)
조선조에 군수(郡守)를 지냈다.

장자강(張自綱)
자는 영지(領之), 호는 형탄(荊灘).
조선조에 부사(府使)를 역임하였다.

장사민(張士敏)
자는 중행(仲行). 조선조에 별군(別軍)을 지냈다.

장세량(張世良)

인조 5년(1627)~?. 자는 언경(彦卿), 호는 화암(和庵).

효종 2년(1651) 문과에 급제하여 공조좌랑을 거쳐 여러 지방관을 역임하고 희천 군수에 올랐는데, 이후 평양의 외성에 복거(卜居)하니 자손들도 대대로 이곳에 세거하였다. 일찍이 둔암(遯庵) 선우협(鮮于浹) 선생에게서 학문을 배워 성리학에 정통하였으며 특히 역학(易學)에 밝아 세상에서 그를 우역동(禹易東: 禹倬)이라 칭했다.

장우순(張又巡)

인조 22년(1644)~숙종 39년(1713). 자는 의경(義卿), 호는 석봉(石峰).

사헌부 집의에 이르렀으며 가선대부 공조참판 겸 동지의금부사 오위도총부 부총관(嘉善大夫工曹參判兼同知義禁府事五衛都摠府副摠管)에 증직되었다.

어려서부터 효성이 지극하여 부모의 병환에 자신의 손가락을 베고, 변을 맛보며 정성을 다하였으며, 상을 당하여서는 슬퍼함이 지나쳐 신병을 얻을 정도였다. 학업도 일찍 성취하여 선비들의 추증을 받았다. 그의 효행과 학행이 세상에 알려져서 숙종 1년(1675) 관찰사가 조정에 천거하니 그에게 포상하여 충훈부 도사를 제수하였고 이후 통례원 주부에 올랐다.

본관미상 및 기타

장보고(張保皐)

?~신라 문성왕 8년(846). 본명(本名)은 궁복(弓福) 혹은 궁파(弓巴).

본명 궁복은 '활을 잘 쏘는 사람'이라는 뜻으로 이름에 걸맞게 어린 시절부터 기골이 장대하고 힘이 대단하였으며, 활에 있어서는 누구도 당할 자가 없었다. 또한 바닷가 출신이어서 수영과 자맥질에 능하였으며, 정의감과 의협심이 강하였다.

소년시절 그의 평생지기인 정년(鄭年)과 함께 당나라에 건너가 지금의 강소성 서주(徐州)에서 당(唐)나라 군대에 들어가 두각을 나타내어 장교가 된 후 무령군중소장(武寧軍中少將)에까지 올랐다. 당시 신라는 왕권 다툼과 그에 따른 정국의 불안정으로 국가 질서가 문란하고 백성들은 흉년에 시달리며, 신라 근해의 해적(海賊)들에게 약탈까지 당하고 있는 실정이었다. 심지어 중국 일부에서는 신라인을 납치해서 노예로 매매하는 상황이 공공연히 벌어지고 있었다. 그러나 당시의 신라 조정의 힘으로는 도저히 해적의 노략질을 감당하지 못하는 실정이었다. 국내의 이러한 상황에 분노하던 그는 중국에서 벼슬을 그만두고 귀국하여 왕에게 남해의 해상교통의 요지인 완도에 해군기지를 설립하여 해적을 뿌리 뽑고 해상권(海上權)을 지킬 것을 청하였다.

이에 왕이 그의 청을 받아들이자 그는 1만 여명의 민군(民軍)을 기반으로 군대를 조직하여 청해진(淸海鎭)을 건설하였다. 신라 조정은 그에게 새로운 관직을 만들어 청해진대사(淸海鎭大使)로 임명하였다. 그는 곧 해적 소탕작전에 들어가 황해도와 서남해안 일대의 노예상인과 해적을 모조리 토벌하고, 또 각처에 난립해 있던 해양세력들을 규합하여 자신의 휘하로 끌어들이고 이를 바탕으로 해상권을 장악해 나가기 시작하였다. 그리고 당나라를 중심으로 일본과 신라의 삼각무역을 개척하는데 심혈을 기울여 남쪽 중국과 북쪽 중국을 잇는 내륙 무역과 해상권을 장악하여 동남아시아, 서아시아 등과 교역을 하였다. 일반 무역상들과는 달리 외교활동도 활발히 펼쳐 일본 조정에 회역사(廻易使)를 파견하여 공물과 서신을 전하였고, 당나라에는 견당매물사(遣唐買物使)의 칭호가 붙은 교역사절을 보내기도 하였다.

한편 그는 승려, 유학생, 관리들의 당나라 해상 왕래에 갖가지 편의를 제공하였다. 해상권을 바탕으로 점차 독자적인 세력을 구축해 나가던 장보고는 인재를 등용할 때도 당시 신라시대의 신분제도인 골품제와 관련 없이 능력에 따라 인재를 뽑고자 하였으며, 흉년으로 방황하던 이들을 포용하여 자신의 세력으로 조직화하여 막강한 부(富)와 조직력을 가진 지방 세력으로 성장하였다.

이후 왕위 계승 분쟁에 패배한 왕족 김우징(金祐徵)과 무주 도독인 김양(金陽) 등이 청해진으로 피해와 그에게 의탁하였다. 경주에서 다시 왕권을 둘러싼 분쟁이 일어나 희강왕이 피살되고 민애왕이 즉위하였다. 그는 이 정변을 틈타 경주로 쳐들어가 민애왕을 축출하고 김우징을 신무왕으로 즉위시켰다. 이에 신무왕은 감사의 표시로 그를 감의군사(感義軍使)로 삼는 동시에 식실봉(食實封) 2천호(戶)를 내렸다. 그의 세력은 신라 왕실도 두려움에 떨 정도로 성장하였다.

하지만 그의 딸을 문성왕의 왕비로 삼기로 한 약속은 중앙 귀족들의 반대로 무산되고 청해진과 신라 조정과의 관계도 악화되었다. 신라 조정은 한때 그의 부하였던 염장(閻長)을 보내어 그를 암살하게 하였다. 그가 암살된 후 청해진은 얼마간 존속하였으나 염장을 비롯한 중앙군의 토벌로 완전히 궤멸되었다. 신라는 청해진을 완전히 없애버리고 남아 있던 사람들을 전라북도 김제로 이주시켰다.

그는 뛰어난 군사적 지략과 해상권에 대한 해박한 지식, 그리고 남달리 넓은 도량과 의리, 통솔력으로 주변에 흩어져 살던 이들을 한곳으로 규합하고 포용하였으나 그가 죽고 청해진이 멸망하자 구심점을 잃은 백성들과 해외세력들은 모두 뿔뿔이 흩어져 버렸다. 그리하여 청해진 시절의 화려했던 해상왕국의 경영권을 다시는 찾지 못하였으니 천추의 한(恨)이 되었고, 이후 신라는 몰락의 길을 걸었다.

그에 관한 역사기록은 삼국사기와 삼국유사에 간략히 실려 있다. 중국의 정사인 『신당서(新唐書)』 제220권에는 당나라 시인 두목(杜牧)이 지은 번천문집(樊川文集) 제6권의 장보고(張保皐)·정년(鄭年) 전(傳)을 그대로 인용하여 그에 관한 기사가 실려 있다. 일본측의 기록은 『일본후기(日本後記)』, 『속일본기(續日本記)』, 『속일본후기(續日本後記)』와 당나라에 건너가 장보고 장군의 도움으로 불교를 공부하고 귀국한 승려 엔닌(圓仁)이 쓴 입당구법순례행기(入唐求法巡禮行記)에 자세히 실려 있다.

장승업(張承業)

헌종 9년(1843)~광무 1년(1897). 본관은 대원(大元). 자는 경유(景猷), 호는 오원(吾園), 취명거사(醉瞑居士), 문수산인(文岫山人).

어려서 부모를 잃고 이응헌(李應憲)의 집에 기거하면서 어깨 너머로 글공부를 배우고 원(元), 명(明) 이래의 명적(名蹟)들을 접하게 되었는데, 어느 날 갑자기 신(神)이 내린 듯 능숙한 솜씨로 그림을 그리기 시작하더니 40세를 전후하여 화명(畵名)이 높아지면서 왕실의 부름을 받아 작품 활동을 하기 시작했다. 무엇에도 얽매이기 싫어하는 자유로운 성격으로 강렬한 필법(筆法)과 묵법(墨法), 과장된 형태와 특이한 설채법(設彩法)을 특징으로 하고 있다. 또한 산수, 인물, 영모(翎毛), 사군자 등 여러 분야에서 탁월한 재능을 보였으며, 산수화(山水畵)에서는 남종화풍과 북종화풍을 함께 소화

하여 그렸고 청말의 조지겸(趙之謙), 오창석(吳昌碩) 등의 화풍과 근대감각이 스민 음영법(陰影法)을 가미하기도 하였다. 그의 이러한 화풍(畵風)은 안중식(安中植), 조석진(趙錫晉)에게 전해져 우리나라 근대화의 토대를 이루었다. 작품으로는 삼인문년도(三人問年圖), 귀거래도(歸去來圖), 기명절지도 등의 몇몇 작품이 전해지고 있다.

장인초(張仁初)

<삼인문년도(三人問年圖)>. 견본채색(絹本彩色). 152×69cm. 서울 간송미술관 소장. 기암(奇岩)에 둘러싸인 중경(中景)의 평지에 세상 사람 같지 않은 노인들의 음산한 모습, 짙게 깔린 구름 너머로 밀려오는 파도결 등이 묘한 채색의 효과와 조화를 이루었다. 장승업 특유의 과장된 산수와 인물의 모습을 잘 보여주는 그의 중년작. 안중식(安中植)이 제찬(題贊)을 써넣었다.

고종 14년(1877)~1910. 조선 말기의 의병으로 전남 화순 출신. 다른 이름은 윤초(允初), 인상(仁尙), 인보(仁甫), 인복(仁福).

목수 일을 하다가 나라가 위급해지자 나라를 구하려고 생업을 버리고 의병에 투신하였다. 1909년 안규홍(安圭洪) 의병부대의 선봉장이 되어 전남 보성을 중심으로 활동하였다. 염인서(廉仁瑞), 염군명(廉君明), 임하중(林夏中) 등과 함께 양민의 재물을 탈취하고 괴롭히는 자들을 처단하고 민간에 숨겨진 총기를 모으기도 하였다. 1909년 심남일(沈南一) 의병부대의 선봉장이 되어 동료 의병 일백여 명과 함께 장흥, 강진, 보성 등 전라도 일대에서 활약하다가 이른바 남한폭도대토벌작전(南韓暴徒大討伐作戰) 중에 붙잡혀 폭동 및 강도 모살죄로 교수형을 당했다.

1990년 건국훈장 독립장이 추서되었다.

〈방황학산초추강도(倣黃鶴山樵秋江圖)〉
1879년(37세), 지본수묵,
22x21.4cm,
서울대박물관 소장.

이 작품은 위쪽에 "아무도 없이 집으로 돌아오는 길, 혼자 외로이 작은 배를 띄웠네. 기묘년 가을 본관이 대원인 장승업이 황학산초(왕몽)의 가을 경치 그림을 본따서 그렸다" 는 글이 있다.

참고문헌(參考文獻)

『삼국사기』(三國史記)

『삼국유사』(三國遺事)

『고려사』(高麗史)

『고려사절요』(高麗史節要)

『조선왕조실록』(朝鮮王朝實錄)

『고려공신전』(高麗功臣傳)

『국조인물고』(國朝人物考)

『국조방목』(國朝榜目)

『동국여지승람』(東國與地勝覽)

『고려명신록』(高麗名臣錄)

『독립운동사』(獨立運動史)

『각성씨세보』(各姓氏世譜)

『성씨의고향』(姓氏의故鄕)

『한민족대성보』(韓民族大姓譜)

『한국문화유적총람』(韓國文化遺跡總攬)

『대동방씨족원류사』(大東方氏族源流史)

『한국의전통예절』(韓國의傳統禮)

『한국성씨총감』(韓國姓氏總鑑)

『한국인명대사전』(韓國人名大辭典)

『성씨대보총람』(姓氏大譜總覽)

자랑스런 장(張)씨 이야기 上

2014年 9月 2日 인쇄
2014年 9月 2日 발행

편 저 : 성씨이야기편찬실
발 행 : 올린피플스토리

출판등록 : 제 25100 - 2007 - 000017 호
주 소 : 서울특별시 강동구 구천면로 18길 23호
홈페이지 : http://www.ollinpeople.co.kr
전 화 : 070) 4110 - 5959
팩 스 : 02) 476 - 8739
세 트 가 : ₩ 39,600 (단권 : ₩ 19,800)

ISBN : 979-11-5743-850-1
ISBN : 979-11-5743-726-9 (세트)

* 파손된 책은 바꾸어 드립니다.